현장문제해결 ❷

분임조활동 Q&A 150

김창남 지음

한국표준협회미디어

현장문제해결 [2]
분임조활동 Q&A 150

발 행 일	2013년 8월 25일 초판 1쇄 발행
저 자	김 창 남
발 행 인	이 종 업
발 행 처	한국표준협회미디어
출판등록	2004년 12월 23일(제2009-26호)
주 소	서울 금천구 가산동 371-50 에이스하이엔드 3차 1107호
전 화	02-2624-0362
팩 스	02-2624-0369
홈페이지	http://www.ksamedia.co.kr

ISBN 978-89-92264-60-0 94320
ISBN 978-89-92264-58-7(세트)

값 15,000원

• 한국표준협회미디어의 허가 없이 무단 전재 및 복제를 금합니다. ⓒ 2013

머리말

분임조 활동이 이 땅에 뿌리를 내린 지 50여 년이 되어 간다.

그동안 많은 개선 활동 방법론이 소개되었지만 분임조 활동만큼 기업에서 사랑을 받은 것도 없다. 이토록 분임조 활동이 기업에서 오래 지속되고 있는 이유는 바로 이론을 손쉽게 체득할 수 있으며 문제를 완벽하게 해결해 주기 때문이다. 이러한 완벽한 개선 활동 방법론임에도 불구하고 일부 기업에서는 분임조 활동을 하는데 있어서 많은 어려움을 호소하고 있다.

필자는 이러한 현실을 감안하여 기업에서 발생하고 있는 다양한 상황들에 대해, 초보자 관점에서도 쉽게 이해할 수 있도록 문답 형식으로 내용을 전개하였다. 여기에 소개되는 모든 내용은 분임조 활동을 실행하고 있는 기업들에서 발생하였던 애로 사항이나 궁금증을 필자의 기업 컨설팅 경험을 근거로 풀어주고 있다.

전반부에서는 분임조 활동을 도입하기 위해 사전에 준비할 사항인 조직 구성, 교육 훈련, 회합 방법, 평가 및 포상 등에 대해 소개를 통해, 분임조 활동 시작에 있어서 보다 튼튼한 기둥을 구축할 수가 있다.

중반부에서는 분임조 활동의 본론에 해당하는 부분으로, 주제 선정에서부터 반성 및 향후 계획의 10단계 추진에 있어서 각 기업에서 겪고 있는 애로 사항에 대해 현업의 추진 사례를 근거로 해결 문제 방안을 제시하고 있다.

후반부에서는 분임조 활동의 활성화를 위해 알아야 할 다양한 Tip을 제공하고 있으며, 특히 이 부분은 기업에서 발생할 수 있는 각종 애로 사항을 모두 집대성하였기 때문에 자사의 문제 해결의 단초를 마련할 수가 있다. 또한 분임조 활동 경진대회 출전을 원하는 분임조를 위해 원고 작성 요령, 발표 요령, 심사 방법 등도 꼼꼼히 안내하고 있다.

아무쪼록 이 책이 분임조 활동에서 발생하는 다양한 어려움들을 속 시원히 해결함으로써 귀사의 분임조 활동 활성화에 기여하길 바라는 마음 간절하다.

끝으로 이 책이 출판될 수 있도록 힘을 써 주신 한국표준협회미디어 이종업 사장님, 한병식 이사, 송대헌 부장, 최성준 대리께 감사를 드리고, 바쁜 가운데서도 원고 작성을 위해 타이핑과 교정을 열심히 해준 아내 백혜정, 아들 민규, 딸 가연에게도 아빠의 사랑을 전한다.

2013년 8월

김 창 남

차 례

/ 머리말 /

PART 01 | 활동 인프라 구축

1. 마인드 고취

- Q1 분임조원들의 개선 의욕을 높이는 방법은? 17
- Q2 분임조가 단합되기 위해서는? 20
- Q3 여성 사원을 위한 분임조 및 제안 활동은? 22
- Q4 정부 재투자 기관의 활동 부진 이유는? 24
- Q5 시간이 나면 분임조 활동을 하겠다는 생각은? 26
- Q6 활동의 참여도가 급격히 떨어지는 현상은? 28
- Q7 마음속에 있다는 조해리의 창이란? 31

2. 조직 및 역할

- Q8 분임조 구성 방법은? 34
- Q9 분임조 구성원의 역할은? 36

Q10	인원이 너무 적어 분임조 구성이 어려운데?	38
Q11	분임조장으로서의 능력은?	39
Q12	새로운 분임조장을 선출하는 방법은?	42
Q13	서기의 역할 및 능력 강화 방법은?	44
Q14	분임조 노트 및 진행 기록은 누가?	46
Q15	분임조원끼리 사귀기를 꺼릴 때는?	48
Q16	분임조장이 전출 또는 퇴사한다면?	50
Q17	분임조원 간의 단합이 잘 안 되는데?	52
Q18	여사원들이 가져야 할 자세나 시침은?	54
Q19	신임 분임조장으로서의 역할은?	56

3. 교육 훈련

Q20	분임조 활동을 위한 기본적인 학습 내용은?	58
Q21	교육 훈련을 제대로 하기 위한 방법은?	61
Q22	분임조원에게 교육할 때의 교수 기법은?	63

4. 회합

Q23	별도의 활동 시간이 주어지지 않을 때는?	66
Q24	분임조 활동의 회합비 지급 기준은?	69
Q25	분임조 활동의 회합 장소와 시간은?	70
Q26	회합을 효율적으로 진행할 수 있는 방법은?	72
Q27	회합의 진행 순서가 체계화되어 있지 않은데?	76
Q28	3교대 근무자들의 회합 방법은?	78
Q29	분임조원들의 관심을 끌 수 있는 회의 방법은?	80

| Q30 | 분임조원 사이에 큰소리가 나지 않게 하려면? | 82 |

5. 평가 및 포상

Q31	분임조 활동 프로세스의 평가 항목은?	84
Q32	성과 지표를 평가하기 위한 방법은?	87
Q33	평가할 때 과정(기법)과 결과에 대한 비중은?	90
Q34	분임조 활동의 지원 또는 포상금의 종류는?	95
Q35	분임조 활동의 포상금 지원 시스템은?	98
Q36	활동의 개인 실적을 인사에 반영하는 방법은?	99

6. 기타

Q37	분임조 활동과 PDCA와의 관계는?	103
Q38	분임조 운영 표준서에 기술할 사항은?	106
Q39	6시그마, 분임조 활동, 제안 활동의 차이점은?	109
Q40	공정 도시 기호의 종류는?	112
Q41	TQM이란?	117

PART 02 | 문제 해결 10단계

1. 주제 선정

| Q42 | 분임조 활동에서 주제명 표기 방법은? | 121 |
| Q43 | 주제 선정을 위한 사전 조사 방법은? | 123 |

Q44	주제 선정을 쉽고 빠르게 할 수 있는 방법은?	125
Q45	주제 선정 시 평가 방향은?	127
Q46	전사적 문제에 대해 개선하려면?	129
Q47	진행이 불가능하다고 판단할 때의 마무리는?	131
Q48	사무 업무를 위주로 한 개선 주제는?	134
Q49	서비스 분야에서의 주제 선정은?	138
Q50	고객의 소리를 듣기 위한 제도와 양식은?	140
Q51	활동 주제가 나오지 않을 때는?	150
Q52	주제 선정을 쉽고 빠르게 하는 방법은?	153
Q53	효율적인 주제 선정 방법은?	155
Q54	현장에서 주제를 찾기 어려운데?	159
Q55	주제 선정을 할 때부터 막막한데?	162
Q56	분임조원과 경영진이 원하는 주제가 다를 때는?	164
Q57	분임조원들의 업무가 모두 각각 다른데?	166
Q58	무형 효과를 주제로 선정한다면?	168
Q59	분임조 활동 시 테마 진행이 어려울 때는?	171
Q60	주제 선정 사유 작성 방법은?	173

2. 활동 계획 수립

Q61	활동 수립 단계에서 유의해야 할 사항은?	175
Q62	활동 계획 수립 단계의 실시 이유는?	177
Q63	활동 계획 수립 단계에서 해야 할 것은?	179
Q64	분임조 활동 기간은?	181
Q65	각 단계별 실시 기간은?	183

3. 현상 파악

- Q66 현상 파악을 효과적으로 할 수 있는 방법은? 186
- Q67 현상 파악 기법과 현상 파악 후의 개선 기법은? 188
- Q68 현상 파악 단계에서의 QC 기법 적용은? 190
- Q69 주제를 해결할 때의 현상 파악 기간은? 192
- Q70 현상 파악 시의 누계 비율은? 193
- Q71 현상 파악 및 원인 분석 시의 QC 기법은? 196

4. 원인 분석

- Q72 원인 분석 추진 방법은? 198
- Q73 원인 분석 시 중요 요인 선정 방법은? 201
- Q74 주요 요인을 찾아내기 위한 방법은? 203
- Q75 특성요인도의 원인을 계통도에 그릴 때는? 206
- Q76 특성요인도 기법을 사용할 때의 연역법과 귀납법은? 209
- Q77 원인 분석 방법을 특성요인도로 설명하면? 213
- Q78 원인 분석 시에 QC 기법의 주의 사항은? 217
- Q79 원인 분석을 할 때의 연관도는? 219
- Q80 원인 분석의 기법은? 221
- Q81 원인 분석 기법의 차이점은? 226

5. 목표 설정

- Q82 객관적이고 합리적인 목표 설정 방법은? 229
- Q83 실행 여부가 불투명할 때의 목표 설정은? 231
- Q84 목표가 정확하지 않을 때의 목표 설정 방식은? 232

6. 대책 수립 및 실시

- Q85 대책 수립 단계에서 나온 수단들의 기록 방식? 236
- Q86 대책 수립 방법은? 238
- Q87 PDCA 사이클을 대신할 기법은? 241
- Q88 PDCA란? 245
- Q89 PDCA 사이클의 각 단계에서의 수행 내용은? 248
- Q90 PDCA 사이클을 일상생활에서 사용하려면? 252
- Q91 대책안이 여러 개 나왔을 때는? 254
- Q92 대책 수립 계통도에서의 평가 항목은? 257

7. 효과 파악

- Q93 개선 활동 결과를 파레토도로 그린다면? 260
- Q94 현상 파악을 반복해야 한다는 의미는? 263
- Q95 성과 도출 요령이나 기법은? 268
- Q96 분임조의 업무에 관련된 주제는? 271
- Q97 효과 파악에 있어서 효과는 어느 범위까지? 273
- Q98 효과 파악을 제대로 할 수 있는 방법은? 276
- Q99 기본적인 유형 효과 산출 방법은? 279
- Q100 효과 파악의 적용 방법은? 281
- Q101 경비, 노무비, 재료비의 차이점은? 284
- Q102 5S와 같이 데이터를 수치로 나타낼 수 없을 때는? 287
- Q103 무형 부분을 산출하는 방법은? 290
- Q104 무형 효과 파악에 대한 기술은? 291
- Q105 무형 효과가 많을 경우의 진행 여부는? 294

| Q106 적당한 효과 파악 기간은? | 295 |
| Q107 무형 효과를 유형 효과화할 수 있는 방법은? | 297 |

8. 표준화

Q108 개선 완료 후의 표준화 방법은?	300
Q109 개선 활동 후의 작업 표준화는?	310
Q110 작업 표준서를 작성할 때는?	304
Q111 업무 분장을 위한 기술 표준에는?	305

9. 사후 관리

| Q112 사후 관리의 중점 관리는? | 309 |
| Q113 원활한 사후 관리 방법은? | 311 |

10. 반성 및 향후 계획

Q114 분임조 평가 항목 설정 방법은?	312
Q115 정량적인 역량 평가 방법은?	315
Q116 레이더차트란?	318
Q117 레이더차트의 특징은?	320
Q118 자기 분임조의 진단·평가는?	323

PART 03 | 활동 활성화

Q119 분임조 활성화 방안이란? 327
Q120 분임조 활동방법에 진척이 없을 때는? 329
Q121 활동에 자발적으로 참여하는 분위기 조성은? 332
Q122 경영진이나 현장 사원들의 관심 유도 방법은? 334
Q123 분임조 활동 단계를 축소하려는데? 337
Q124 분임조 재도입을 위한 경영진 설득 방법은? 340
Q125 개선 활동을 습관화할 수 있는 방법은? 342
Q126 주관 부서가 애매할 때의 활동은? 345
Q127 현장 경력자들의 지식과 노하우를 구하려면? 346
Q128 과거의 개선 내용에 일부만 바꾸어서 활동하는데? 348
Q129 개선 활동에 필요한 기본적인 사항은? 351
Q130 분임조 활동에 있어서의 관리 지표는? 353
Q131 분임조 활동에 활력을 줄 수 있는 이벤트는? 356
Q132 각 분임조원마다 공정이 다를 때는? 358
Q133 문제가 생겼을 때 가장 먼저 해야 할 일은? 360
Q134 연간 주제 해결 건수는? 362
Q135 분임조 활동 현황판 관리 요령은? 364
Q136 분임조 활동에 대한 자율성 문제는? 368
Q137 분임조 활동 초보자를 위한 단계별 도구는? 370
Q138 발표회나 분임조 경진대회의 목적은? 373
Q139 분임조 활동의 평가 기준은? 375
Q140 연령차가 커서 분임조 활동이 어려운데? 377
Q141 문제 해결 10단계별로 분임조장을 운영하는 것은? 379

| Q142 분임조 활동의 최소 인원은? | 382 |
| Q143 현상 파악 단계 없는 원인 분석은? | 384 |

PART 04 | 분임조 경진대회

Q144 대회 원고 작성 시 유의해야 할 사항은?	389
Q145 대회에서 발표 기법과 프레젠테이션 수준의 비중은?	391
Q146 발표 방식은?	393
Q147 발표 요령은?	395
Q148 프레젠테이션 기법은?	397
Q149 사람들 앞에서 떨지 않는 방법은?	400
Q150 보고서 작성 요령은?	402

/ 참고 문헌 /

PART 01

활동 인프라 구축

Q1 분임조원들이 개선을 위한 의욕이 너무 없는 것 같습니다. 이런 분임조원들에게 개선 의욕을 높이는 방법은 없을까요?

A 개선 의욕을 갖기 위해서는 우선 다른 사람과 생각이 달라져야 합니다. 자기 본연의 업무를 처리하기에도 바쁜데 추가적으로 현재 상태를 돌아보고 더 좋은 방법을 찾아 고민한다는 것이 말로는 쉽지만, 이를 일상생활화, 습관화하기 위해서는 자기와의 치열한 싸움이 동반되어야 가능합니다.

인내와 고통을 이겨낸 사람만이 남보다 나아질 수 있고, 인생에서도 성공하게 되는 것이지요. 개선 의욕을 높이는 방법은 사람에 따라 차이가 있지만 공통적으로 적용될 수 있는 것을 몇 가지만 추려서 제시하면 다음과 같습니다.

첫째, 주인 의식을 가져야 합니다.

주인 의식을 갖는다는 것은 '모든 것을 내 것'으로 보라는 뜻입니다. 만약 자신이 작은 가게를 차렸다면, 손님을 맞이하는 방법, 청결 유지 방법, 제품의 맛(품질)을 높이는 방법, 다른 가게의 운영 방법 등에 대해 누가 시키지 않아도 스스로 고민하게 됩니다.

반면, 어느 가게의 종업원으로 일하게 된다면, 그때는 월급이 적절한지, 손님이 적게 와서 하루를 편하게 보냈으면 좋겠다든지, 하루가 빨리 지나갔으면 좋겠다든지 등 주인과 종업원은 같은 상황에 있지만 생각에 있어 차이가 발생하게 됩니다.

그러나 '모든 것을 내 것'으로 보면, 평소에 인식하지 못했던 많은 문제가 보이기 시작합니다. 예를 들어 자신이 직접 운전을 하면서 모르는 길을 찾아간 사람과 조수석에 명청히 앉아 있었던 사람은 똑같은 길을 다시 찾아갈 때 엄청난 차이가 생기게 되지요.

둘째, 개선 관련 서적을 탐독합니다.

성경 말씀에 '두드리면 열릴 것이다'라는 말이 있습니다. 이는 자신이 알고 싶은 것이 있으면 그것에 관심을 보이고 행동으로 옮겨야 비로소 알게 된다는 것이라고 해석할 수 있습니다. 인터넷 게임에 관심이 있는 사람은 인터넷을 검색해 새로운 게임을 찾아내고, 이를 직접 해 보면서 게임 원리를 터득하게 됩니다. 하지만 관심이 없는 사람은 그런 게임이 있는지 조차도 모르게 됩니다. 개선 활동도 마찬가지입니다. 개선 활동에 관심이 있다면 관련 서적을 읽고 이를 실천으로 옮기게 되며, 그렇게 하다 보면 자기도 모르는 사이에 개선 전문가가 되어 있는 것이지요.

셋째, 벤치마킹을 실시합니다.

정보화 사회에서는 자신뿐 아니라 타사, 더욱이 경쟁사 또는 다른 우수 기업이 어떻게 하고 있는지를 아는 것이 필수적입니다.

자기가 아무리 똑똑해도 모든 면에서 남보다 나을 수는 없습니다. 자신이 갖고 있지 못한 또는 부족한 부분을 찾기 위해서는 벤치마킹을 하는 것이 좋습니다. 가능하면 우수 기업을 방문해 직접 면담하는 것이 좋으며, 여의치 않을 경우에는 교육 전문 기관에서 실시하는 벤치마킹 프로그램에 참여하는 것도 좋습니다.

이것도 어렵다면 각종 매체(인터넷, 신문, 서적, 잡지, 화보 등)를 관심 있게 찾아보면 좋은 정보를 얻을 수 있습니다.

Q2 분임조 활동도 중요하지만 분임조의 단합이 최우선이라 생각합니다. 단합된 분임조가 되기 위하여 리더와 분임조원은 어떤 방법으로 대처해 나가면 되겠습니까? 예를 들면, 분임조의 갈등이 있다고 생각이 들 때 어떤 방법으로 갈등을 완화시킬 수 있을까요?

A 분임조 활동에서 가장 중요하면서도 가장 어려운 문제로군요.

분임조는 팀워크를 전제로 한 활동으로 각 분임조원 간의 단합이 무엇보다 중요합니다. 단합이 되지 않는 대부분의 분임조를 살펴보면 각자의 개성이 뚜렷해서 그런지 몰라도 저마다 자기의 목소리를 내세우려만 하지 다른 분임조원의 의견에 동참하려 하지 않습니다.

이것은 분임조 활동의 기본인 브레인스토밍(Brain Storming)이 되지 않고 있는 것입니다. 분임조 교육이나 QM 교육 시 브레인스토밍 원칙을 수 없이 들어왔지만, 머리로만 받아들였지 가슴으로 받아들이지 못했다는 증거입니다. 귀사의 분임조도 분임 토의 시 브레인스토밍 원칙이 어느 정도 준수되고 있는지를 자문하여 보시기 바랍니다.

다음으로 분임조원 간의 갈등은 인간관계 측면을 고려해 볼 필요가 있습니다.

필자가 예전에 지도했던 회사의 경우 분임조원 간의 연령차가 많아 단합이 어려운 경우가 있었습니다. 그래서 우선 분임 토의 시 테마 활동 진행은 뒤로 한 채 서로의 토론과 화합의 장을 우선 만들었습니다.

정치·경제·사회 이야기, 가정 이야기, 취미 활동 등의 이야기를 통하여 서로의 마음을 열게 하였고, 저녁 퇴근 후 회식 모임이나 주말 야유회 등을 실시하여 분임조원 간의 공감대 형성에 주력하였던 것입니다.

이렇게 2개월 정도를 지낸 후 테마 활동을 진행하니 의견도 많이 나오고 분임조원 간의 이해심도 깊어졌습니다. 이후 분임조 활동은 순조롭게 진행되었고 '전국 품질분임조 경진대회'까지 출전하여 좋은 성적으로 수상한 경험이 있습니다.

Q3 아직도 우리 사회에서는 남자가 우선되어야 한다는 인식 때문인지 여성은 분임조 활동이나 제안 활동의 폭이 좁습니다. 가정이나 사회생활에 도움이 되는 분임조 활동을 소개해 주시고, 더불어 여사원, 주부 사원을 위한 알기 쉬운 제안 활동도 소개해 주십시오.

A 귀하의 사고방식에 대해 전면적으로 부인하지는 않겠습니다.

하지만 필자와 생각이 다른 부분이 있다면 남성들이 주축이 되는 이유는 분임조 활동에 필요한 기법을 더 많이 알고 있거나 해당 공정에 대한 기술을 더 많이 갖고 있기 때문일 것입니다.

어떤 문제를 해결하기 위하여는 그 문제에 가장 많이 알고 있는 사람이 리더가 되기 마련입니다. 일례로 필자가 지도했던 업체 중에서는 여성 분임조원이 주축이 되어 분임조를 잘 이끌어 가는 경우가 많이 있었습니다.

귀하가 분임조 활동 기법이나 자기 공정의 문제점에 대하여 다른 분임조원보다 뛰어나다면, 다른 분임조원들이 저절로 귀하에게 의지하게 될 것입니다.

가정이나 사회생활에 있어서 분임조 활동의 도움은 어떤 문제에 봉착했을 때 감정에 치우치기 보다는 논리적으로 원인을 분석하고 가장 큰 원인을 찾아 우선 조치하는 사고 방식이 생길 수 있습니다.

예를 들어 부부간에 갈등이 생겼을 때 모든 갈등 요소를 모두 제거하려다가는 하나도 제거하지 못하고 오히려 갈등만 더 커질 수 있습니다.

이럴 때 갈등 요소를 나열하여 가장 큰 갈등을 하나만 선택해 해결하려는 자세가 중요합니다. 그렇게 하다 보면 다른 갈등이 저절로 해결되기도 합니다.

이러한 분임조 활동이나 제안 활동 기법을 회사에서 적용하려고 하지 말고, 먼저 자신의 생활 주변에 적용시켜 보면 쉽게 이해가 되리라 봅니다.

Q4 일반 기업의 분임조 및 제안 활동에 비해 정부 재투자 기관의 활동은 활발하지 못한 것 같습니다. 그 이유는 무엇입니까?

A 이제까지의 품질 관리 활동의 대부분은 생산 형태를 갖춘 일반 기업체를 중심으로 발전되어 왔기 때문입니다. 일반 기업은 제조 형태를 통하여 설계 단계에서는 설계 품질, 제조 단계에서는 제조 품질(적합 품질), 판매 단계에서는 시장 품질(사용 품질) 목표를 설정하고 실천하여 왔으나, 공기업 형태는 생산 형태라기 보다는 서비스 형태의 업종이 대부분으로, 품질 목표 설정이 어려울 뿐 아니라 개선에 대한 최고 경영자의 의지 또한 부족하였습니다.

하지만 이제는 품질 관리 활동에 대하여 정부 주도하에 품질 경영(QM) 활동으로 확대하여 정부의 각 조직, 공기업, 지방 자치 단체 등으로 확산시키고 있습니다.

일례로 1996년부터 품질 관리 활동이 우수한 기업에 대하여 수여하던 '국가 품질상' 응시 대상에 공기업도 추가시켜, 1996년 '품질 경영상'에 한국토지개발공사가 수상하기도 하였습니다.

특히 최근 행정 조직 및 공공 부문도 하나의 기업으로 생각하여 거품이 있거나 기능이 미흡한 정부 조직은 과감히 통·폐합하고 있습니다.

이제는 과거의 제품 위주 품질 관리 활동 차원에서 과감히 탈피하여 제품 및 서비스를 대상으로 총력 매진하는 품질 경영 활동 없이는 모든 국가가 존재할 수 없는 체계로 운영될 것입니다.

Q5 시간이 나면 분임조 활동을 한다는 인식이 강한데, 이를 바꿀 수 있는 방법은 없나요?

A 분임조 활동에 대한 재인식이 필요합니다.

'바쁠 때는 잠깐 미루고 한가할 때만 하겠다'는 분임조 활동은, 마치 바쁠 때는 무검사로 출하하고 한가할 때만 검사를 실시하는 것과 같이 아주 무지한 사고방식입니다.

필자는 분임조 활동에 대해서도 별도로 공정 도시 기호를 만들어 제조 또는 QC 공정도에서 사용하게 함으로써 분임조 활동도 생산 공정의 일부로 인식시켜야 한다고 늘 생각하고 있습니다.

분임조 활동이란 활동 테마 자체에 대한 효과만을 기대로 활동하는 것이 아니라, 이런 문제 해결 활동을 통하여 종업원 개개인의 능력이 향상된다는 것에 큰 의미를 두어야 합니다.

또한 귀사에서 근래에 분임조 활동이 거의 없다는 것은 분임조 활동에 대한 경영자의 관심이 부족하다는 것을 의미합니다. 사외 세미나 또는 행사에 한 번쯤 참석하시도록 유도해 보세요.

마지막으로 부득이 퇴근 후 분임 토의를 실시할 때에는 반드시 업무의 연장으로 분임조원 모두가 생각하여야 하며(불참자는 조퇴하는 것과 같음), 회사 차원에서도 잔업으로 인정하여 처리하는 것이 바람직합니다.

Q6
분임조원 간에 개선 대상 공정에 대한 이해도가 낮아 참여도가 급격히 떨어지는 현상이 발생하고 있습니다. 어떤 방법으로 극복하면 되겠습니까?

A 해당 공정의 공통 문제가 아닌 특정 분임조원이 담당하는 개별 공정 하나만을 개선 대상으로 하였다면 분임조원 간에 공정의 이해가 부족한 경우가 생길 수는 있습니다.

따라서 귀 분임조의 문제는 분임조 활동의 근본 취지를 준수하지 못하는 데서부터 풀어 나가야 할 것 같군요.

첫째, 주제 선정 단계를 재검토해 보세요.

주제 적합성 검토 시 평가 항목에 전원 참여도를 평가하고 있는지를 검토하고, 평가하고 있다면 전원 참여도에 가중치를 높게 부여하는 것이 필요할 것 같습니다.

둘째 분임조 편성을 재검토해 보세요.

가장 이상적인 분임조 구성은 동일 공정에 근무하는 작

업자 간에 한 개의 분임조를 구성하는 것이 바람직합니다. 하지만 현대 사회에서는 자동화 공정 증가, 1인 다기능화, 셀 라인(cell line) 운영 등으로 인하여 동일 공정에 여러 작업자가 배치되는 경우가 점차로 적어지고 있는 추세입니다.

이런 시대적 상황에 맞추어 분임조 구성 방법도 어느 정도 개편이 필요합니다. 즉 분임조원 구성의 세분화가 필요한 것이지요.

귀 분임조 인원이 몇 명으로 구성되어 있는지는 모르겠지만, 성격이 유사한 공정을 최소의 단위로 묶어 분임조를 편성해 보세요. 분임조원이 3명 이상만 되어도 분임조 활동은 가능하다고 봅니다.

분임조원이 10명 이상으로 구성되어 있는 분임조를 가끔 보기는 하는데, 그런 경우에는 인원이 너무 많아 활동 시 업무 분담도 힘들며 주제 선정 또한 어렵게 됩니다. 그리고 실제 분임조 활동에 참여하는 사람도 고작 몇 명에 불과한 경우가 많습니다.

셋째, 일정 기간 공정의 전환 배치를 통하여 공정을 이해할 수 있도록 해 보세요.

물론 회사 직제에 의해 윗사람의 검토가 필요하지만, 개인의 역량 강화를 위하여 적절한 순환 배치도 필요합니다.

이것이 회사 사정상 어렵다면 분임 토의 시마다 서로의 공정을 이해하는 시간을 조금씩이라도 만들어 보세요.

이런 방법으로 분임조를 1년 정도 운영하다 보면 상호간의 공정 이해가 부족하여 분임조 활동에 지장을 주는 경우는 많이 줄어들 것입니다.

Q7 사람의 마음속에 있다는 '조해리의 창'에 대해서 설명해 주세요.

A '조해리의 창'에 대한 이론은 주로 개인이 타인에 대한 공감대를 영역을 넓혀서 궁극적으로 자기 계발과 상호 계발을 증진시키고자 하는 개념의 이론입니다.

모든 사람의 마음속에는 다음 〈표〉와 같이 4개의 창이 있습니다.

〈표〉 조해리의 창

	구 분	내 용
1	열려진 창	활성화된 창으로 자기 자신도 알고, 타인도 아는 개방적인 영역
2	보이지 않는 창	자기는 알 수 없으나, 타인에게는 보여지는 창으로 타인과의 마찰이 생기기 쉬운 영역
3	숨겨진 창	자기 자신은 알고 있지만, 남에게 감추고 있어 타인이 알 수 없는 영역
4	어두운 창	자기 자신도 모르고, 타인도 모르는 무의식 영역

자기 계발을 위해서는 열려진 창은 더욱 크게 하고, 어두운 창은 가능한 작게 함으로써 집단 사회에서 서로의 커뮤니케이션을 강화하고, 공동 목표를 향해 한 걸음씩 나아가는 체계를 만들어 나가는 것이 무엇보다 절실히 요구된다는 것입니다.

이것을 다음 〈그림〉과 같이 도식화하면 좀 더 이해하기가 수월할 것 같습니다.

현재				개선 후		
구분	자신이			구분	자신이	
	알고 있다	모른다			알고 있다	모른다
타인이 / 알고있다	열려진 창	보이지 않는 창	➡	타인이 / 알고있다	열려진 창 ⇨	보이지 않는 창
타인이 / 모른다	숨겨진 창	어두운 창		타인이 / 모른다	숨겨진 창	어두운 창

〈**그림**〉 조해리의 창

즉 열려진 창을 크게 하기 위해서는 자신의 마음을 타인에게 솔직하게 이야기하는 자세와, 타인으로부터의 충고를 겸허하게 받아들이는 자세가 무엇보다 필요하다는 것을 표현하고 있는 것입니다.

이것은 분임조 활동에서 가장 중요한 마음 자세이며, 더 나아가서는 회사 공동체 생활에서도 자기 계발을 위한 기본적인 철학이 될 수 있습니다.

Q8 분임조의 구성 방법과 구성원들의 역할을 알려 주세요.

A 분임조 구성은 대부분이 분임조장, 서기, 분임조원으로 구성합니다.

필요에 따라 분임조 활동 방법에 능숙한 사무직 사원이나 관리자를 분임조 지도 위원으로 위촉하여 활동 단계마다 조언을 받을 수 있도록 구성할 수 도 있습니다.

전형적인 분임조 구성도를 보면 다음 〈그림〉과 같습니다.

분임조 인원 수는 그 회사 실정에 맞게 조정할 수 있으나 너무 많게 되면 분임조원의 발언 기회가 적어져 편중된 토의가 될 수 있으며, 너무 적으면 아이디어 발상이나 업무 분장이 어려울 수도 있습니다.

일반적으로 권장하는 분임조원 수는 5~10명 정도가 적당합니다.

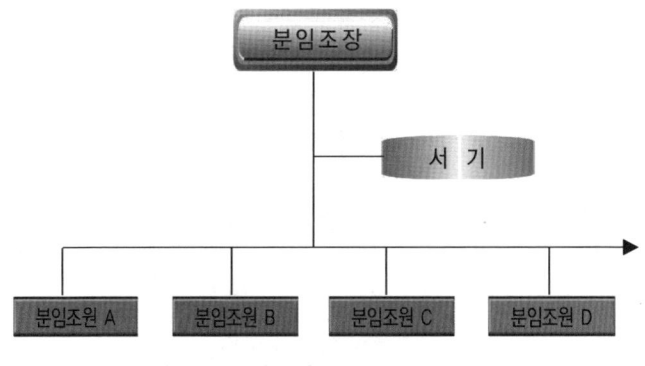

〈그림〉 일반적인 분임조 구성도

분임조 구성원들의 역할을 알려 주세요.

 분임조 구성원들의 역할에 대해서 설명 드리면 다음 〈표〉와 같습니다.

〈표〉 분임조 구성원의 역할

구분	역 할	비 고
분임조장	• 분임조의 대표자로서 모든 일을 총괄한다. • 서기를 지정한다. • 회합 전 회의 진행과 결정 사항을 미리 준비한다. • 회합 시 회의 진행을 주관한다. • 분임조의 의견을 부서 상사에게 전달한다. • 분임조원에 대한 교육을 실시한다. • 사내·외 분임조 발표대회 시 발표자 역할을 한다. • 타부문과의 분임조 교류회를 주관한다.	• 신규로 분임조 결성 시 분임조장은 분임조원 중 업무 경력이나 분임조 활동 경력이 많은 사람으로 한다.

구분	역 할	비 고
서기	• 회합 중 발생되는 안건을 칠판(화이트보드)에 기재한다. • 의사 결정에 투표가 필요할 시 주관하여 개표한다. • 회합 진행 사항을 분임조 회의록에 기록한다. • 분임조 추진사무국과의 업무 협조를 주관한다. • 분임조장 유고(有故) 시 업무를 대행한다. • 사내외 분임조 발표대회 시 발표 문집 제작을 총괄한다.	
분임조원	• 회합 진행 시 적극적으로 발언한다. • 분임조장의 업무 분배에 따라 회합 단계별 실무 추진을 실행한다 • 차기 회합 시 발언할 내용을 미리 준비한다. • 분임조 회합에 필요한 각종 데이터를 수집한다.	
지도위원(지도사원)	• 개선 활동의 추진 방향을 제시한다. • 회합에 같이 참여하여 조언을 한다. • 활동 기법에 문제가 있을 때 이를 교육한다. • 분임조 회의록을 검토하여 코멘트를 한다.	• 지도위원(지도사원)은 그 회사에서 분임조 활동 기법 및 실무에 능통한 사원이나 관리자로 선정한다.

Q10 회사 인원이 너무 적어 분임조 구성이 어렵습니다. 회사 전체 인원을 1개의 분임조로 편성하여 활동해도 되는지 궁금합니다.

A 회사 인원이 얼마나 적은지는 모르지만 최소한의 분임조원이라면, 유사 업무 종사자가 3명 이상은 되어야 분임조 활동이 가능하리라 판단됩니다. 하지만 예를 들어 총무 1명, 구매 1명, 품질 1명, 자재 1명 등이 1개의 분임조로 구성되어야 한다면, 차라리 분임조 활동보다는 제안 활동이라도 충실히 실행하기를 권고하고 싶습니다.

분임조란 동일 공정(유사 업무) 작업자끼리 스스로 문제를 파악하고 해결하는데 목적이 있는데, 업무가 서로 이질적이라면 주제 선정에서부터 공감대 형성이 어려울 것입니다.

Q11

이번에 새로 분임조장이 되었습니다. 어떻게 하면 분임조를 잘 이끌어 나갈 수 있는지, 또 모든 활동을 잘 할 수 있는지 등 분임조장으로서의 능력에 대해 알려 주십시오.

A

분임조장으로서 분임조를 이끌어 나가기 위하여 갖추어야 할 능력에 대하여 간략히 도식화하면 다음 〈그림〉과 같습니다.

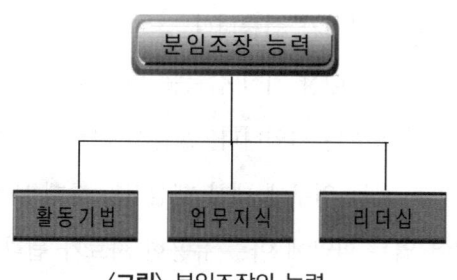

〈**그림**〉 분임조장의 능력

첫째, 분임조 활동 기법에 정통하도록 하세요.

각종 QC 기법은 문제 해결에 열쇠를 제공할 수가 있으므로 이를 잘 숙지하여 활용한다면 좀 더 빠른 시간에 원하는 결과를 얻을 수 있습니다.

 특히 분임조 활동의 단계별 진행 요령, QC 7가지 도구, 신QC 7가지 도구는 분임조 활동에 있어서 필수 사항이므로, 분임조장은 이에 대한 이론뿐만 아니라 이를 교육하고 응용할 수 있는 능력도 배양해야 합니다.

 둘째, 회사 업무에 대한 지식이 많아야 합니다.

 제품 개발에서부터 생산, 출하, 서비스 단계에 대한 책임 부서, 업무 절차, 주요 보고 내용 등에 대해 가능한 많이 알고 있어야 해결하고자 하는 테마에 대한 정보와 타부서의 업무 협조를 구하기가 쉽습니다.

 필자는 업무에 대한 지식 습득을 위하여 해당 회사의 표준을 많이 숙독하는 편입니다. 표준서에는 그 회사에서 수행하고 있는 모든 업무에 대한 핵심적인 수행 내용이 모두 나와 있어 업무 파악에 아주 유용한 자료가 됩니다.

 또한 자신이 소속된 공정이나 제품에 대하여는 전문적인 기술 지식이 필수적으로 요구됩니다. 그래야 어떤 주제가 선정되더라도 원인 분석이나 대책 수립 시 적정성을 판단할 수 있습니다.

　셋째, 분임조원을 리드할 수 있는 리더십을 배양하세요.

　분임조 활동은 제안 활동과 달라 집단 모임을 통하여 문제 해결을 해야 하므로 이를 원활하게 이끌어 나가기 위해서 회합에 대한 계획을 사전 준비, 분임조원들이 의견을 자유롭게 발언할 수 있는 분위기 조성, 어떤 회합 단계에서 난관에 봉착하였을 때 대안 제시 등을 할 수 있는 능력을 배양해야 합니다.

Q12 새로운 분임조장을 선출하려 합니다. 하지만 두 명의 후보 가운데 한 후보는 분임조 활동에 대해 능통하며 경험도 많고, 또 다른 후보는 경험은 부족하지만 젊고 패기 있는 후보입니다. 과연 어느 후보를 선출하면 좋을까요?

A 귀하의 질문만 가지고는 누구라고 단정하기가 어렵군요.

분임조장이 갖추어야 할 자질을 필자 나름대로 열거하여 드릴 테니, 그 항목에 좀 더 근접한 후보를 선정하는 것이 좋을 것 같군요.

① 리더십

　남보다 앞서 생각하고 추진하는 능력

② 문제 의식

　사물에 대한 관찰력이 뛰어난 사람

③ 포용력

　자기 주장을 주입하려고 하기 보다는 남을 이해하고 타인을 잘 설득하는 사람

④ 고유 기술 지식

　자기 회사 또는 공정에 관한 많은 지식을 갖춘 사람

⑤ 관리 기술 지식

　분임조 기법, QC 7가지 도구, 신QC 7가지 도구, 샘플링 검사, SQC(통계적 품질 관리), 아이디어 발상법 등에 관한 지식, 기타 기획력, 성실성, 인내력, 대인 관계 등을 고려하여 적당한 사람을 선택하면 될 것 같습니다.

Q13 서기의 역할 및 능력 강화 방법을 알고 싶습니다.

A 분임조 활동에서 서기의 역할이란, 마치 가정에서의 '어머니'와 같은 역할이라 볼 수 있습니다.

아버지의 역할이 가정의 리더 역할이라면 어머니란 아버지가 계실 때는 내조자로서의 역할을 수행하되, 아버지가 부재중이거나 유고 시에는 리더의 역할을 대행할 수 있는 능력 또한 갖추어야 하는 '팔방미인'이 되어야 합니다.

따라서 내적으로는 분임조장 이상의 역량을 배양하고, 외적으로는 필요 시에는 적재적소에서 배양한 능력을 발휘하는 것이 서기의 역할이라 할 수 있습니다.

서기는 회합을 준비하고 회합 후의 논의된 사항을 기록하여 현재까지의 추진 사항과 향후에 진행해야 할 사항을 누구나 보아도 알 수 있도록 조리 있게 정리해야 합니다.

그렇게 하기 위해서는 서기로서의 자질 향상, 문제 해결 요령, 활용 기법에 대해 정통해야 합니다.

이를 위해서는 다음 〈표〉에 제시한 사항에 대해 능력이 배양되도록 노력해야 합니다.

〈**표**〉 서기의 역량 강화 항목

	항목	역량 강화 목표	비 고
1	회의 진행 방법	회합 전, 중, 후에 대한 추진 방법 습득	회합 시기, 장소, 토의 안건을 사전에 작성하고 회합 참석 여부를 사전 확인
2	QCC 스토리	문제 해결 10단계 추진 및 정리 방법	각 단계별 추진 목적을 이해하고 단계별로 출력물로 기록되어야 할 사항의 숙지
3	QC 기법	QC 7가지 및 신 QC 7가지 기법의 사용 용도 및 작도 방법	최근에는 통계 패키지가 많이 보급되어 있어 이를 활용하는 것이 바람직
4	워드프로세서 활용	텍스트 문장 표현 및 도표 작성 방법	흔글, MS-WORD, EXCEL, POWER POINT를 자유롭게 구사할 수 있어야 한다.
5	프레젠테이션 스킬	발표 사항을 상대에게 간단 명료하게 전달할 수 있는 능력 배양	문장 표현, 목소리, 시선, 제스처 등에 대한 스킬

Q14 분임조 진행 시 조장과 서기를 선출하는데, 분임조 노트 및 진행 사항에 대한 기록이 서기의 몫으로 남게 됩니다. 공동으로 분담할 수 있는 방법은 없을까요?

A 원래 서기의 역할이 토의 내용 기록 및 회의록 정리입니다.

아마 귀사의 경우는 회의록 정리에 대해 상당히 부담을 갖는가 보군요.

한 개의 주제가 설정되어 종료될 때까지는 가능하면 한 명이 서기가 되어 전체를 정리해야 전체 줄거리가 일관성이 있게 됩니다. 하지만 부득이 이것을 분담하고 싶다면 분임조 인원에 따라 다음과 같이 구분하여 작성하면 됩니다.

첫째, 분임조원이 5명 미만인 경우 분임조 활동 단계를 Plan, Do, Check, Action 단계로 구분하여 각 단계별 서기를 지정합니다.

구 분	활동 단계	서기	구 분	활동 단계	서기
Plan	주제 선정	○○○	Do	대책 수립 및 실시	○○○
	활동 계획 수립			표준화	
	현상 파악		Check	효과 파악	○○○
	원인 분석		Action	사후 관리	○○○
	목표 설정			반성 및 향후 계획	

둘째, 분임조원이 5명 이상인 경우

분임조원 수에 따라 약 1~2단계 정도마다 서기를 지정합니다.

구 분	활동 단계	서기	구 분	활동 단계	서기
Plan	주제 선정	○○○	Do	대책 수립 및 실시	○○○
	활동 계획 수립	○○○		표준화	○○○
	현상 파악	○○○	Check	효과 파악	○○○
	원인 분석	○○○	Action	사후 관리	○○○
	목표 설정	○○○		반성 및 향후 계획	○○○

Q15 분임조원끼리 사귀기를 꺼릴 때 분임조장이 해야 할 일은?

A 분임조 활동 이념에 '명랑한 직장 분위기 조성'이 있듯이, 분임조 활동에서 분임조원 간의 인간관계는 중요한 요소로 볼 수 있습니다.

분임조원 간에 서먹서먹한 분위기가 있는 상태에서는 팀워크를 발휘하기가 매우 힘들며 모임조차 원활히 이루어지지 않게 됩니다.

이럴 경우에 가장 필요한 것은 분임조원 간의 단합심과 일체심입니다. 이를 위하여는 업무적인 것보다는 업무 외적으로 대화의 장을 이끄는 것이 효율적입니다.

가령 서로 취미 생활을 활성화한다던지, 회식 자리를 만들어 회사 내의 딱딱한 분위기를 탈피하는 것입니다.

또한 특정 분임조원 간에 화합이 어려울 경우는 서로를

부딪치지 않도록 멀리하기 보다는, 가능하면 서로가 많이 접촉하는 기회를 가질 수 있도록 하여 서서히 가까워지도록 하는 것이 좋을 것으로 사료됩니다.

Q16 분임조 활동을 하고 있는데, 분임조장이 다른 곳(전출 또는 퇴사)으로 가면 분임조 활동이 잘 되지 않습니다. 이런 때는 어떻게 해야 할까요?

A '분임조(分任組)'를 직역하면 '임무를 나누어 하는 집단'이라고 할 수 있습니다. 즉 분임조장, 서기, 분임조원 모두 각자의 임무가 있어야 하며, 그 임무는 어느 한쪽에 치우치지 않고 가능하면 균등하게 분배되어야 합니다.

그러나 대부분의 회사가 분임조 활동 시 분임조장에게 너무 많은 임무를 부여하는 경우가 많습니다. 귀사의 경우도 분임조장에게만 너무 많은 짐을 지게 하고 있지는 않은지요?

분임조장이란 분임조 활동 시 분임 토의 방향 설정, 추진 업무의 분배, 타분임조나 타부서에 대한 접촉 등이 주 업무가 되어야 합니다. 테마와 관련하여 데이터를 조사·집계

·분석하거나 대책안의 실시 등은 분임조원이 각자 업무를 분담하여 실시하여야 합니다.

그러나 분임조장이 모든 일을 떠맡아 실시하다 보면 귀사의 경우처럼 분임조장 없이는 일이 추진되지 않는 경우가 발생합니다. 가능하면 일을 분담하여 추진하시길 권고드립니다.

우선 분임조를 신규로 조직했다고 가정하고 분임조장을 새로 선출하여 필자가 권고 드린대로 분임조 활동을 실시하여 보시기 바랍니다.

Q17 분임조원 간의 단합이 잘 안 됩니다. 분임조장으로서 어떻게 리드하면 잘 되겠습니까?

A 분임조 활동에서 가장 중요하면서도 가장 어려운 문제로군요.

분임조는 팀워크를 전제로 한 활동으로 각 분임조원 간에 단합이 무엇보다 중요합니다. 대부분의 단합이 되지 않는 분임조를 살펴보면 각자의 개성이 뚜렷해서 그런지 몰라도, 저마다 자기의 목소리를 내세우려만 하지 다른 분임조원의 의견에 동참하려 하지 않습니다.

이것은 분임조 활동의 기본인 브레인스토밍이 되지 않고 있다는 것입니다. 분임조 교육이나 QM 교육시 브레인스토밍 원칙을 수 없이 들어왔지만, 머리로만 받아들였지 가슴으로 받아들이지 못했다는 증거입니다. 귀 분임조도 분임토의 시 브레인스토밍 원칙이 어느 정도 준수되고 있는지를 자문하여 보시기 바랍니다. 또 분임조원 간의 인간관계 측면도 고려해 볼 필요가 있습니다.

Q18 여사원이지만 분임조 활동에 적극 참여하고자 합니다. 분임조 활동에 임하는 여사원들이 가져야 할 자세나 지침에 대해서 알고 싶습니다.

A 분임조와 여사원의 관계를 설명해 달라니 참 어렵군요.

필자가 지도한 경험으로 남·녀가 같이 한 개 분임조를 이루었을 경우, 여성이 분임조장 역할을 수행하는 경우가 드물었습니다. 이는 여성의 업무 능력이 남성 분임조원과 비교하여 부족하다기 보다는 적극적인 참여 의지가 다소 결여된 것으로 사료됩니다.

필자가 과거에 'J전자회사'의 '분임조 활성화'를 지도할 때 대부분의 사원이 주부사원인지라 걱정을 많이 한 적이 있습니다.

처음에는 개선 활동 자체가 처음 접하는 것이라 주부 사원들에게 QC 기법을 도입시키는데 많은 애로 사항이 있었습니다. 하지만 날이 갈수록 실력이 향상되기 시작하더니 질문도 많이 하고, 자기 분임조의 과제 해결이 미진한 경우 집에까지 가지고 가서 정리하여 출근하는 경우도 많았습니다. 분임조 각 단계 있어서도 남성 분임조원들보다 꼼꼼함이 돋보였습니다.

이는 분임조 활동이라는 것은 모든 것을 수치로 관리하고 각 단계를 철저히 준수해야 하는 탓으로 오히려 여성들이 추진하기 좋은 활동이라고 볼 수 있습니다.

다만 선입견에서 여성보다는 남성이 좋지 않으냐 하는 편견 때문에 여성의 능력 발휘 기회가 적어진 것으로 볼 수 있으므로, 모든 분임조원들은 선입견을 버리고 여성들께서는 좀 더 적극성을 갖는 것이 필요하리라 봅니다.

지도 중 일부 분임조장은 기존에는 가계부를 쓰는 데서 끝났으나, 분임조 활동을 하다 보니 가계부 관리 방식이 Plan(계획)→Do(실시)→Check(확인)→Action(조치) 중 Do인 것임을 깨달았고, 지금은 다음 달 지출 계획을 세우고 계획 대비 실적을 확인하니 가계 지출액이 저절로 줄어들어 QC 활동의 필요성을 다시 한 번 절감하였다고 합니다.

Q19 처음으로 분임조장을 맡게 되었습니다. 신임 분임조장으로서 분임조를 어떻게 운영해야 할지 걱정입니다. 리더의 역할에 대한 사례가 궁금합니다.

A 우선 분임조장을 맡게 되었다니 축하드립니다. 아마 처음에는 힘드시겠지만 지나고 보면 리더를 했기 때문에 배울 수 있었던 것이 많았다고 생각하게 될 것입니다. 하지만 분임조장은 힘든 만큼 자기 계발이 된다는 것을 꼭 명심하시길 바라며 리더 역할에 대해 몇 가지 말씀 드리겠습니다.

첫째, 남의 얘기를 들을 줄 아는 사람이 되도록 노력하세요.

분임조원이 얘기하는 모든 시험은 비판하지 말고 끝까지 듣고 난 다음 본인의 의견이 있으면 '이런 방법은 어떨까요?'라는 부드러운 표현으로 본인의 의견을 피력하는 것이 좋습니다.

둘째, 실력(고유 기술, 관리 기술)을 쌓으세요.

분임 토의 시 의견이 나오지 않거나 문제가 풀리지 않을 때 매듭을 풀기 위해서는 분임조장이 먼저 얘기를 해야 합니다.

이렇게 되기 위해서는 자기 회사에서 생산되는 제품의 지식이나 QC 기법(QC 7가지 도구, 신QC 7가지 도구, 아이디어 발상법, 데이터 정리 방법, 표준화 등)에 능통해야 합니다.

셋째, 분임 토의 전에 분임조 회합 계획을 세우세요.

어떻게 시작할 것인지, 어떤 내용이 토의되어야 할 것인지, 진도는 어디까지 나갈 것인지, 회의록 정리는 어떻게 할 것인지 등을 미리 머리속에 그려 본 후 회합에 참석하는 습관을 갖도록 해야 합니다.

Q20 분임조 활동을 위한 기본적인 학습 내용을 알려 주세요.

A 분임조 활동을 하기 위하여는 분임조 활동 추진 단계, 각 단계에서 활용할 수 있는 QC 기법, 개선 안을 돌출하기 위한 아이디어 발상법, 기타 효과 파악을 위한 원가 기본 지식 등을 알아야 합니다.

이것은 산수를 하기 위하여 덧셈, 뺄셈, 곱셈, 나눗셈을 미리 배우는 것과 다를 바가 없습니다.

만약 곱셈을 모르고 방정식을 푼다고 생각해 보십시오.

'이가 없으면 잇몸으로 산다'고 덧셈을 사용하여 곱셈을 대신할 수 도 있지만, 많은 시간과 노력이 소요되며 설령 한다고 해도 대부분 한계에 부딪쳐 결국 포기하게 됩니다.

따라서 우리가 초등학교 때 구구단을 무작정 외우듯이 필자가 제시하는 사항들에 대해서는 무조건 외우시기(숙지하시기) 바랍니다.

첫째, 분임조 활동 단계

① 주제 선정

② 활동 계획 수립

③ 현상 파악

④ 원인 분석

⑤ 목표 설정

⑥ 대책 수립 및 실시

⑦ 효과 파악

⑧ 표준화

⑨ 사후 관리

⑩ 반성 및 향후 계획

둘째, QC 7가지 도구

① 그래프(관리도 포함)

② 체크시트

③ 특성요인도

④ 파레토도

⑤ 산점도

⑥ 히스토그램

⑦ 층별

셋째, 아이디어 발상법

① 브레인스토밍 또는 브레인라이팅

② 오스본의 체크리스트

③ 결점열거법

④ 희망점열거법

넷째, 원가 기본 지식

① 제조원가 = 재료비 + 노무비 + 경비

· 재료비 = 직접재료비 + 간접재료비

· 노무비 = 직접노무비 + 간접노무비

· 경 비 = 복리후생비, 전력비, 수도광열비, 도서인쇄비, 수리비, 감가상각비, 소모품비, 기타

② 효과 파악

· 부적합 개선 = (개선 전 부적합률 − 개선 후 부적합률)/100 × 월평균 생산량 × 개당 재료비 × 12개월

· 작업 시간 개선 = (개선 전 S/T − 개선 후 S/T) × 임률 × 월평균 생산량 × 12개월

Q21 분임조 활동을 효율적으로 하기 위해 교육훈련을 제대로 실행하는 방법에 대해 알고 싶습니다.

A 분임조원이 분임조 활동 단계와 QC 기법에 대해 확실하게 이해하고 현장에 응용할 수 있도록 교육을 실시해야 합니다.

많은 회사에서 분임조 활동과 관련한 기초 교육을 실시하고 있기는 하지만, 여전히 많은 분임조원들이 분임조 활동 단계와 QC 기법 등에 대해 무지한 것이 사실입니다.

이것은 군인이 전쟁터에 무기 없이 나가는 것과 마찬가지입니다. 전쟁터에서 총, 칼, 수류탄 등이 적을 무찌르는 데 유용한 무기가 된다면, QC 기법은 분임조 활동에서 문제 해결을 위한 무기와 다를 바가 없다는 것을 인식할 필요가 있습니다.

교육훈련 실시 방법으로는 다음의 몇 가지를 들 수 있습니다.

첫째, 기업의 비전과 중장기 전략과 연계된 정신 교육 및 의식 교육으로 품질 의식 고취

둘째, 이론보다는 본인이 소속된 회사의 사례를 중심으로 워크숍 실시

셋째, 사외 위탁 교육 수강자를 사내 강사로 활용

넷째, 교육훈련 실시 후, 과정에 대해 설문 조사 실시(과정의 필요성과 적절성 등을 파악하여 향후 분임조원들의 요구에 맞는 교육 프로그램으로 운영)

다섯째, 시청각 교육 병행 실시(교육 과정과 관련된 시청각 자료를 입수 또는 자체 제작하여 교육 때 시청하게 하면 살아 있는 사례를 간접적으로 체험할 수 있음)

여섯째, 과정 우수 수료자(시험 실시 때는 최다 득점자, 시험을 실시하지 않을 때는 교육 수강 태도 우수자)에 대한 포상 실시

Q22 저는 분임조장으로 활동하고 있는데, 분임조장으로서 분임조원에게 교육할 때 필요한 교수 기법을 알고 싶습니다.

A 첫째 가르치고자 하는 내용을 교안(敎案)으로 작성하는 것이 좋습니다.

이론적으로 교안 작성 방법은 '백지식 교안', '2란식 교안', '3란식 교안', '4란식 교안' 등이 있으며, 보통 2란식 교안을 많이 사용하고 있습니다.(사례 참조)

또한 교안 작성 시 강의 주제와 관련된 적용 사례를 많이 첨가하도록 하세요. 귀사의 사례라면 더욱 좋겠죠.

둘째 작성된 강의 교안에 대하여 스스로 평가를 해 보세요. 최소한 80점 이상은 나와야겠죠.

셋째 분임조처럼 소집단의 경우는 가능한 일방적인 주입식 강의 보다는 토론식으로 강의를 유도하여 분임조원 전원이 강의에 참여한다는 느낌이 들도록 하세요.

사 례

I. 교안의 형태

 1. 백지식 교안

  1) 문제 해결식에 적합

  2) 경영자 및 관리자 교육에 주로 활용

  3) 참여 의욕과 창의성이 개발된다.

학습 지도 내용

 2. 2란식 교안

  1) 강의식 교안에 적합

  2) 짧은 시간에 많은 내용을 전달

강의 내용	보조 재료 사용 계획

3. 3란식 교안
  1) 강사도 토론에 참가하여 학습 진행을 하는 방법에 적합
  2) 직장인의 자세 및 세일즈맨십 등의 교육에 활용

학습 성과	학습자의 활동	강사의 활동

4. 4란식 교안
  1) 시범 실습식 교안에 적합

강사 활동	강의 내용	학습자 활동	참고 사항

Q23 분임조 활동 시 별도의 활동 시간이 주어지지 않거나 시간이 너무 짧아 분임조 테마를 해결하는 데 어려움을 많이 겪고 있습니다. 이런 경우 어떤 식으로 활동을 진행하는지 궁금합니다.

A 별도의 시간이 주어지지 않은 채 분임조 활동을 한다면 어떻게 하는지 필자도 궁금합니다. 일반적으로 분임조 활동은 정해진 요일, 정해진 시간에 일괄적으로 실시하는 것이 가장 바람직하고 효과도 많이 발생합니다.

그러나 회사의 여러 가지 사정상 생산을 중단하고 분임조 회합을 하는 것이 어려울 경우에는 회합 일자나 시간을 각 부서 자율에 맡겨 작업 중 조금 여유가 있는 시간이나 무작업이 발생 시 실시하도록 하는 경우도 많이 있습니다. 특히 교대조로 작업이 실시되는 현장에서는 작업 종료 시 작업자들이 모여 30분 정도 회합을 실시하기도 합니다.

하지만 귀사처럼 아예 분임조 회합 시간을 회사 차원에

서 배려하지 않는다면 분임조 활동이 상당히 위축될 수가 있을 것 같군요.

우선 분임조 활동 방법에 대한 타사 사례를 정리하여 회사 경영층을 설득하는 것이 중요할 것 같습니다.

분임조 회합 방법에 대한 유형을 다음 〈표〉와 같이 정리해 드리니 귀사 실정에 맞는 것을 선택하여 시도해 보시기 바랍니다.

〈표〉 분임조 회합 시간 운영 방법

NO	회합 형태	회합 방법	장단점 비교 장점	장단점 비교 단점
1	정일 정시 (定日定時)	요일과 시간 지정하여 근무 시간 중 회합	· 활동 집중화 가능 · 효과 창출 용이	· 생산에 차질 발생 가능
1	정일 정시 (定日定時)	근무 시간 후 (교대 작업 시) 회합	· 활동 집중화 가능 · 효과 창출 용이	· 업무 피로도 증가 · 잔업비 증가
2	비정일 정시 (非定日定時)	중식 시간 30분 이용	· 회합에 대한 부담 경감	· 노사 합의 필요 · 잔업비 증가
3	정일 비정시 (定日非定時)	회합 요일만 지정	· 부서 사정을 고려한 회합 가능	· 타부서와의 업무 연계성 차질 발생 우려
4	비정일 비정시 (非定日非定時)	회합 요일 시간대 모두 부서 자율 결정	· 부서 사정을 고려한 회합 가능	· 타부서와의 업무 연계성 차질발생 우려 · 회합률 저조 · 회합 실적 관리 어려움

Q24 품질 분임조 활동 시 회합비를 지급하고 있는데 기준이 있는지요?

A 특별한 기준은 없습니다.

회합비란 본래 분임 토의 시 분임조원들에게 차나 음료 정도를 마시면서 할 수 있도록 하기 위한 취지에서 만들어진 것입니다. 때문에 어떤 기준이나 산출식을 통하여 정하기 보다는 그 회합 시기에서의 차나 음료의 가격을 보고 지원해 주면 됩니다.

지원 방법은 대체적으로 분임조 회의록을 주관 부서에 제출하면, 주관 부서에서는 그 당시 참석한 분임조원의 인원수를 확인하여 1개월 단위로 해당 분임조에게 지급하는 것이 일반적입니다.

Q25 분임조 활동에 있어 적합한 회합 장소와 시간은 어떻게 되나요? 회사 사정, 개인 사정을 모두 고려하는 것이 어렵습니다.

A 회합에 있어 개인 사정을 고려한다는 것은 당연히 어렵습니다.

때문에 회사마다 자사 실정에 맞게 분임조 운영 규정 내에 회합 일자, 회합 장소, 회합 시간 등을 정하여 운영하고 있습니다. 분임조란 제안 활동과 달라 여러 사람이 모여야 하므로 개개인의 사정을 고려하다 보면 회합을 실시할 수가 없게 됩니다.

귀사의 경우는 우선 분임조 운영에 대한 회사의 방침이 설정되어야 할 것 같습니다. 회사 실정에 맞는 분임조 회합 시간대가 어느 시간인지, 또한 어느 장소에서 하는 것이 가장 적절한지를 사전에 경영층이 결정하여 전 직원이 그대로 따르도록 의무화시켜야 합니다.

단지 정해진 일자나 시간이 특별한 사정에 의하여 연기되었을 때는 분임조장 재량으로 반드시 임시 회합을 실시해야 합니다.

Q26 분임조 활동에서 회합 진행이 어려운데, 효율적으로 회합을 진행할 수 있는 방법이 궁금합니다.

A 분임조 활동의 어려운 점 가운데 하나가 바로 회합 진행입니다. 제안 활동과 달리 여러 명이 모여 진행을 해야 하므로 정해진 프로세스가 필요하며, 회합 중에 스스럼없이 진지하게 의견을 교환할 수 있는 분위기 조성도 필요합니다. 흔히 '일본인들은 뭉쳐야 살고, 한국인들은 흩어져야 산다'는 말이 있지 않습니까. 이는 국내 분임조 활동에 있어서 회합의 어려움을 단적으로 시사한다고 볼 수 있습니다.

효율적인 회합을 위하여는 우선적으로 회합 프로세스 단계별로 철저한 준비 및 실천이 이루어져야 합니다. 그냥 시간이 되어 모이다 보면 서로가 얼굴만 쳐다볼 뿐 진정으로 협의해야 할 안건은 상정조차 해 보지 못한 채 시간만을 소비하게 됩니다.

회합 진행 단계별로 반드시 준수해야 할 사항을 다음 〈그림〉에 제시하니 참고하시기 바랍니다.

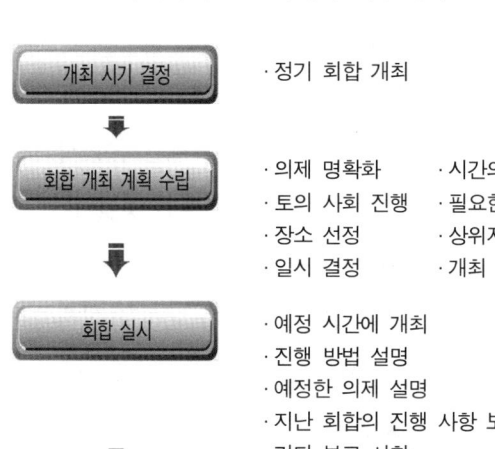

개최 시기 결정	· 정기 회합 개최
회합 개최 계획 수립	· 의제 명확화 · 시간의 배분 · 토의 사회 진행 · 필요한 자료 준비 · 장소 선정 · 상위자 승인 · 일시 결정 · 개최 계획 통지
회합 실시	· 예정 시간에 개최 · 진행 방법 설명 · 예정한 의제 설명 · 지난 회합의 진행 사항 보고 · 기타 보고 사항 · 의제에 대한 의견 교환 · 종합 정리(결정, 보류, 조사) · 전원 확인 · 예정한 시간에 폐회

회의록 작성 및 보고	· 회합 종료 후 곧바로 회의록 작성
	· 회의록은 메모라도 좋음
	· 상위자에게 보고 및 조치 의뢰
	  － 활동 상황 보고
	  － 타부서에 의뢰 사항
	  － 상위자에게 건의 사항

〈**그림**〉 회합 진행 프로세스

다음으로 회합 진행 시 활발한 토의가 이루어지기 위하여는 의제를 분명히 하고, 각자가 사전에 준비한 개인의 의견을 왕성하게 발언해야 합니다. 말 그대로 회합이 되어야지 특정 개인의 독무대가 되어서는 분임조 활동의 근본적인 취지를 살리지 못하게 됩니다.

그야말로 각자가 가지고 있는 의견을 취합하여 시너지 효과를 발휘하는 것이 분임조 활동의 강점인 것입니다.

마지막으로 분임조 회합 시 착안해야 할 사항을 정리해 보면 다음과 같으며, 모든 분임조원들이 머리로 이해하기보다는 가슴 깊이 새겨 행동으로 실천하길 바랍니다.

- 토의 안건은 회합 전에 충분히 준비하여 회합에서는 의사 결정이 이루어질 수 있도록 합니다.
- 회합 목적과 주제를 분임조원 전체에게 공지합니다.
- 모든 분임조원은 반드시 시간을 준수합니다.
- 분임조원이 무엇이나 말할 수 있는 분위기를 만듭니다.
- 분임조원 전원이 골고루 발언할 수 있도록 합니다.
- 분임조원 전원이 적극적으로 발언합니다.
- 발언이 옳지 않다고 생각될 때는 부드럽게 반대합니다.
- 특정 개인을 중상 모략하지 않도록 합니다.

- 유머를 통해 회합이 즐겁게 진행되도록 합니다.
- 말이 서투르거나 말수가 적은 사람을 도와줍니다.
- 발언이 주제에서 너무 벗어나지 않도록 합니다.
- 사담(私談)이나 거친 발언은 삼가 합니다.
- 발언은 사회자(분임조장)의 양해를 얻고 합니다.
- 토의를 정리해 최종 결론을 확실하게 내립니다.

Q27 분임조 회합 시 진행 순서가 체계화되어 있지 않아 회합 후 성과가 나타나지 않습니다. 어떻게 진행을 해야 좋을까요?

A 대부분의 분임조에서 이런 경우가 많이 나타나고 있습니다. 이런 현상이 나타나는 가장 큰 문제는 회합 전 준비를 하지 않았기 때문입니다.

회합이란 그날 진행된 안건에 대하여 각자의 의견이나 발표 자료를 사전에 준비하여 참석한 후 회합 시는 각자의 의견 발표에 대해 가·부 결정만 하는 식으로 회합이 진행되어야 회합에 대한 성과가 나타납니다.

그런데 대부분의 분임조가 그날 진행될 안건에 대하여 회합 시에 발표 의견을 생각하는 관계로 안건 제출이나 의사 결정이 지연되어 목표한 회합 단계를 끝마치지 못하게 됩니다. 그러므로 서기가 책임을 지고 회합 후 혼자서 회의록을 작성하는 불합리한 사례가 발생하기도 합니다.

그러다 보니 분임조원 모두가 서기 되기를 꺼려하게 될 수밖에 없겠지요.

그 다음 고려할 사항으로는 분임조장의 역할입니다.

분임조장은 그날의 회합 진행에 대하여 사전에 처음에서 끝까지를 모두 생각해 본 후 회합에 참석해야 합니다. 그리고 회합 시 분임조원들에게서 안건이 제출되지 않을 경우 본인이 생각했던 사항을 발표하여 회합의 진행에 윤활유 역할을 해 주어야 합니다.

이상의 2가지 항목을 고려하여 회합을 진행한다면 분임조원이나 분임조장, 서기 모두가 회합에 대한 부담도 적어지고 회의도 원만히 진행될 것입니다.

Q28 3교대 근무자들의 효율적인 회합 방법과 분임조 진행 요령을 알고 싶습니다.

A 쉽게 생각해서 3개의 분임조가 1개의 주제를 해결한다고 생각하면 될 것 같습니다. 활동은 오전반 1팀, 오후반 1팀, 야간반 1팀으로 나누어 실시하되 TQM 사무국에는 1개의 분임조로 등록합니다.

회합 방법은 3개 팀이 모두 모여 하기는 어려우므로 '노트 미팅(지면 회합)'을 실시합니다.

예를 들어 오전반에서 주제를 선정하였다면, 오후반에서는 활동 계획 수립을 야간반에서는 현상 파악을 실시합니다. 그러나 앞 단계의 회합 내용에 대해 보충이 필요하다고 생각되면 같은 단계를 다시 실시해도 무방합니다.

필자는 특히 원인 분석 단계와 대책 수립 단계는 각 팀에서 모두 실시할 것을 권장합니다.

분임조장도 각 팀에서 각각 1명씩 선출하여 회합을 실시하되, 그 중에서 1명을 선정하여 전체의 분임조 활동을 총괄하도록 분임조장으로 임명합니다.

회사 사정에 따라 오전반, 오후반, 야간반의 인원들이 불균등할 경우에는 인원이 너무 적은 반에 대하여는 분임조 단계를 진행하지 않도록 하고, 다른 팀에서 실시한 회합 내용에 대하여 보충 토의만 하도록 운영의 묘를 살릴 필요가 있습니다.

Q29 참여자인 분임조원들의 관심을 집중할 수 있는 회의 운영 방법에 대해 알고 싶습니다.

A 적극적인 분임 토의 운영을 위하여는

첫째, 회합 전 각자 발언할 내용을 사전에 준비하도록 공지합니다.

금번 회합 단계가 어디인지, 자신은 어떤 의견을 가지고 있는지, 지난 번 회합 시 결정된 사항이 어떻게 진행되고 있는지를 전 분임조원이 평소 업무 시에 생각하여 정리한 후 회합에 참석하도록 습관화시켜야 많은 발언이 나올 수 있습니다.

둘째, 회합은 결정하는 시간이 되어야 합니다.

대부분의 분임조가 분임 토의 시간에 문제점을 생각하거나 대책안을 생각하는 경우가 많습니다.

이런 경우 30분 내지 1시간으로 정해진 분임 토의 시간은 무엇을 생각하고 결정하기에는 시간이 부족합니다. 따라서 앞에서 언급했듯이 각자의 의견을 회합 전 준비하고, 회합 시는 각자가 준비했던 의견을 발언하여 모든 것을 결정하는 회합이 되도록 하세요.

셋째, 결정안은 반드시 실행해야 합니다.

회합 시 지난 번 회의에서 결정된 사항에 대한 진행 결과를 확인하여, 한 번 결정된 사항은 어떤 일이 있어도 실행해야 한다는 의식을 갖도록 해야 합니다.

넷째, 분임조원 전원이 발언해야 합니다.

특히 분임조장은 회합 시 안건 발언에 있어서 소외되는 분임조원이 생기지 않도록 신경을 써야 합니다.

분임 토의는 어떤 의제에 대해 옳고 그른 것을 떠나, 여러 사람의 의사 교환을 통하여 팀워크 효과를 발휘하는 데 그 목적이 있습니다.

Q30 분임조 활동 회합 시 어떤 기법을 활용하면 이런 사태에 대비할 수가 있을까요?

A 이것은 기법으로 풀어야 할 문제가 아닌 것 같습니다. 개인이 아니라 집단으로 어떤 의사 결정을 하다 보면 각자의 사고와 경험이 다르므로 의견의 차이가 발생하기 마련입니다. 이런 이유로 인하여 회사에서는 회의란 것을 실시하여 이를 조율하는 것이지요.

우선 각자의 의견을 허심탄회하게 이야기하되 결정된 사항에 대하여는 모두가 따라야 조직이 유지되고 조직의 시너지 효과도 발생하게 되는 것입니다.

귀 분임조는 분임조원 간의 불신을 먼저 해소해야 될 것으로 사료됩니다. 각자의 의견이 다르다는 것은 충분히 있을 수 있지만 자기의 주장이 수렴되지 않는다고 하여 큰소리를 친다는 것은 상대방의 의견을 무시하는 것이지요.

이는 어떤 사안에 대하여 논리적으로 생각하고 판단하기보다는 우선 상대방에 대한 편견이나 불신이 있어 그 사람이 이야기하는 것은 이유를 불문하고 모든 것을 못마땅하게 생각하고 있다는 것입니다.

구체적으로 과거부터 각 분임조원들 간에 어떤 일들이 있었는지는 모르겠지만 우선 서로를 인정하려는 자세가 필요할 것 같습니다.

그 다음에 비로소 QC 기법 중 브레인스토밍이나 브레인라이팅을 실시하여 좀 더 효율적인 회합을 추구할 것을 권장하고 싶습니다.

Q31 분임조 활동 프로세스를 평가하기 위해서 어떤 항목을 중점적으로 평가해야 하는지 알고 싶습니다.

A 분임조 활동 운영 프로세스란 활동 성과를 도출하기 위한 과정 관리 항목으로, 성과 지표가 종속 변수라면 이는 독립 변수로서 이들을 균형 있게 조화시켜서 활동을 추진함으로써 프로세스 운영의 극대화를 꾀할 필요가 있습니다.

운영 프로세스에 대한 필수적인 평가 항목을 설명하면 다음과 같습니다.

첫째, 운영 조직

활동을 위한 추진 조직 구성의 적정성을 평가하는 것으로, 주관 부문과 분임조의 역할과 책임을 명확하게 설정하여 모두가 한 방향을 향하여 일사불란하게 행동할 수 있는 조직이 형성되어 있는가를 평가합니다.

둘째, 교육 훈련

문제 해결 능력을 갖추기 위하여 연간 분임조 교육훈련 계획을 수립하고, 전 분임조원이 균등하게 사내·외 교육을 실시하고 있는지를 평가합니다.

셋째, 홍보

활동 상황을 공유하고 선의의 경쟁심을 유발시킬 수 있도록 적절한 시기, 장소, 지면 등에 홍보를 실시하고 있는지를 평가합니다.

넷째, 사기 진작

개선 활동을 촉진하기 위하여 개선 활동 노력 또는 그 성과에 대하여 포상을 실시하고 인사 고과 등에 반영함으로써 활동 욕구를 자극하고 있는지를 평가합니다.

다섯째, 표준화

우수한 개선 사례나 관련 부문에서 공유가 필요한 사항에 대하여 표준의 제정 또는 개정을 실시함으로써 작업(업무)이나 제품의 질을 향상시키고 있는가를 평가합니다.

여섯째, 사후 관리

개선 결과의 유효성을 평가하기 위하여 활동 종료 후에도 적절한 기간을 설정하여 해당 분임조 및 주관 부문에서 모니터링하고 있는지를 평가합니다.

앞의 사항들을 도식화하여 표현하면 다음 〈그림〉과 같으며, 평가 항목을 회사 실정에 따라 적당하게 가감할 수 있습니다.

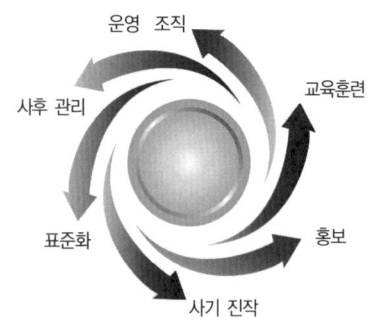

〈그림〉 분임조 활동 프로세스 평가 포인트

Q32 분임조 활동과 관련하여 많은 성과 지표들이 있는데, 이를 효과적으로 평가하기 위한 방법이 있는지요?

A 성과 지표에 대한 평가는 크게 성과 지표의 '경향', '수준', '적용 범위'의 3가지 측면에서 실시합니다.

'경향'이란 분임조 활동 성과 지표들의 추이를 평가하는 것으로 3년 이상의 지표를 기준으로 평가합니다.

'수준'은 경쟁사, 산업 평균 또는 선진 기업과의 벤치마킹을 실시·비교하여 자사 수준을 비교하는 것입니다.

'적용 범위'는 해당 성과 지표가 실행이 필요한 부문(부서)에서 적절하게 관리되고 있는지를 평가하는 것입니다.

이에 대한 개념을 그림으로 표현하면 다음 〈그림〉과 같습니다.

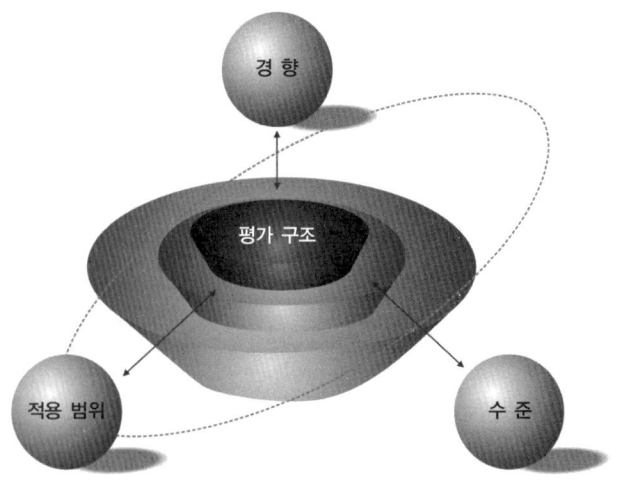

〈**그림**〉 분임조 활동 성과 지표 평가 구조

'경향', '수준', '적용 범위'에 대해 간략이 설명하면 다음과 같습니다.

첫째, 경향

유형 효과 금액, 분임조당 주제 해결 건수, 포상 금액, 분임조원당 분임조 교육 훈련 시간 등 분임조 활동 성과 지표에 대해 시계열적인 추이를 평가하는 것입니다. 연간 단위 실적을 평가하며, 최소 3년 이상의 추이를 평가해야 합니다. 추이를 보기 위해서는 기간이 길수록 좋으며, 최소한

3개년의 지표를 보아야 추이(상승·하강·보합)를 판단할 수가 있겠지요.

둘째, 수준

수준은 벤치마킹 또는 경쟁사와 비교하여 자사의 성과 지표 수준이 어느 정도인가를 평가하는 것입니다. 비교 기간은 1년 정도의 수행 결과 지표를 상호 비교하는 것이 좋습니다.

셋째, 적용 범위

적용 범위는 분임조 활동 성과 지표에 대한 전사적 관리 실태를 평가하는 것으로, 분임조 활동에 대한 성과 지표의 각 부문별 적용 정도를 평가하는 것입니다. 즉 해당 성과 지표가 관리되어야 할 부서(부문)에서 모두 관리되고 있는가를 평가하는 것이지요.

이상의 3가지 기준에 따라 귀사의 분임조 활동 성과 지표를 평가해 보시면, 다양한 관점의 해석이 나올 것이니 적극 활용해 보시기 바랍니다.

Q33 추진자로서 분임조 활동 결과를 평가할 수 있는 평가 시트 중 좋은 예를 들어 주시고, 평가할 때의 과정(기법)과 결과에 대한 비중은 어느 쪽을 높게 해야 하는지요?

A 분임조 활동을 평가할 수 있는 방법은 기업의 업종, 규모, 활동 수준에 따라 다양하게 설계할 수 있습니다. 하지만 어떤 경우에라도 공통적으로 들어가야 할 사항은 문제 해결 프로세스에 대한 적합성입니다.

적합성이란 문제점을 어떻게 찾아내고 그 문제를 발생시키는 요인을 어떻게 분석하였으며, 그 요인을 개선함으로써 어떠한 개선 효과가 발생하는가하는 것입니다.

즉 문제 해결 단계가 상호 연계되어 있으며 전 단계의 정보를 다음 단계에서 적절히 활용하고 있는가를 살펴보는 것이지요.

이를 좀 더 구체화한 사례를 살펴보도록 하죠.

1. 주제 선정 및 활동 계획의 적합성(15점)
2. 현상 파악과 원인 분석(40점)
3. 목표 설정, 대책안 입안과 실시(23점)
4. 효과 파악, 유지 및 반성(12점)
5. 원고 작성 및 발표의 충실성(10점)

위 내용은 우리나라의 '전국 품질분임조 경진대회'에서 사용하고 있는 현장 개선 품질 분임조 활동에 대한 심사 항목입니다. 제목만 보더라도 어떠한 내용을 평가하는지를 알 수 있을 것입니다. 주제 선정에서 효과 파악까지의 적합성을 묻고 있습니다.

하지만 반드시 문제 해결 프로세스의 적합성만 가지고 평가를 해야 하는 것은 아닙니다. 사내에서 분임조 활동 심사 시에는 해당 분임조의 활동 상황이나 부서장의 관심도 등을 추가하여 평가하는 것이 더욱 효율적일 수가 있으며, 이에 대한 사례를 하나 제시하면 다음 〈표〉와 같습니다.

###〈표〉 분임조 활동 평가표 사례

소 속	분임조 명	평가 점수	평가자 서명

항목	평가 내용	배점	평가			평점
			배점 x1.0	배점 x0.9	배점 x0.8	
1. 활동 성과 지표 (30)	(1) 테마 해결 건수(건/년)	10	5건 이상	4건 이상	4건 미만	
	(2) 월 평균 회합 수(회/월)	10	4회 이상	3회 이상	3회 미만	
	(3) 회합 참여율(%)	5	90% 이상	80% 이상	80% 미만	
	(4) 인당 제안 실시 건수(건/년. 인)	5	5건 이상	4건 이상	4건 미만	
2. 활동성 (20)	(5) 역할 분담 적절성	5	전원	80% 이상	80% 미만	
	(6) 활동 단계별 회의록 기록 및 결재	5	매우 우수	우수	보통	
	(7) 현황판 활용 및 표준류 부착 유지	5	매우 우수	우수	보통	
	(8) 구성원의 정보 공유 및 숙지도	5	매우 우수	우수	보통	
3. 효과 (10)	(9) 경제적 효과 금액(품목 매출액 대비 효과금액 기여도)	5	1.0% 이상	0.5% 이상	0.5% 미만	
	(10) 테마 현상치 대비 효과 지표 향상률	5	30% 이상	20% 이상	20% 미만	
4. 문제 해결 과정	(11) 개선 활동의 적절성(체계성) ① 테마 선정은 방침과 능력에 맞는가? ② 문제 해결의 전체 흐름이 체계적인가?	10	6개 항목 모두 해당	5개 항목 해당	4개 이하 항목 해당	

항목	평가 내용	배점	평가			평점
			배점 ×1.0	배점 ×0.9	배점 ×0.8	
(30)	③ 사용 기법은 적절했는가? ④ 대책을 5W1H에 의해 수립했는가? ⑤ 데이터 수집 및 분석이 명확한가? ⑥ 대책 실시는 계획대로 시행하였는가?					
	(12) 현장 적용 및 사후 관리 상태 ① 개선과 연계된 효과를 구체적·객관적으로 파악하였는가? ② 개선에 대한 표준화는 하였는가? ③ 효과 유지를 위한 사후 관리는 체계적인가? ④ 연관 공정(앞, 뒤)에 미치는 영향을 관리하는가? ⑤ 남은 문제점에 대한 대책과 향후 계획은 있는가?	10	5개 항목 모두 해당	4개 항목 해당	3개 이하 항목 해당	
	(13) 문제 해결의 수준과 창의성 정도	10	매우 우수	우수	보통	
5. 기타 평가 (10)	(14) 파급 효과 및 수평 전개 정도	4	매우 우수	우수	보통	
	(15) 금번 테마 해결과 관련하여 부서장의 관심과 지도 참여 횟수	3	4회 이상	2회 이상	2회 미만	
	(16) 사회 봉사 활동 참여도	3	매우 우수	우수	보통	
합 계		100	심사 결과 : ( )점			

다음으로 과정(기법)과 결과에 대한 비중의 적정성은 결과보다는 과정에 높은 비중을 둘 것을 권고하고 싶습니다.

결과에 대한 지표인 유형 효과에 많은 비중을 두다 보면 부서의 성격에 따라 조금만 개선을 하여도 효과가 크게 나오는 부서가 있는가 하면, 많은 개선을 하여도 금액 측면에서는 작은 효과만이 나타날 수밖에 없는 부서가 있어 형평성에 어긋날 수가 있습니다.

특히 '전국 품질분임조 경진대회'에서는 이런 불균형이 더욱 심화될 수가 있어 유형 효과에 대한 비중을 최소화하여 심사하고 있습니다.

Q34 분임조 활동에 있어서 지원 또는 포상금의 종류에는 어떤 것들이 있는지요?

 분임조나 제안 활동은 고생한 만큼 포상 또한 다양한 제도입니다.

기업의 입장에서는 품질이나 생산성 향상에 기여를 하는 것이고, 개인의 입장에서는 개선 역량을 배가시킬 수 있으므로 좋은 제도이지요.

기업의 형편에 따라 포상의 종류 및 금액이 가감될 수는 있으나, 필자가 컨설팅했던 기업의 사례를 제시하면 다음 〈표 1〉, 〈표 2〉와 같으니 참고하시기 바랍니다.

〈표 1〉 분임조 활동 지원 및 포상 기준

항 목	적용 기준	지원 및 포상
회합비	정기 회합/임시 회합(1회 회합 시 30분 이상)	쿠폰(1,000원/인)
주제 등록비	분임조 주제 활동 계획서(등록)	20,000원/조
주제 해결비	주제 완료 평가서(일반 포상 및 성과금 포상)	• 일반 포상 (8~50만 원) • 성과금 포상 (30~200만 원)
지도 활동비	모범 분임조의 지도위원	지도위원 10,000원/인
선도 분임조 포상	3회 이상 모범 분임조로 선정될 경우	상장 및 70,000원/조
모범 분임조 포상	분임조 활동 평가서에 의거해 선정된 분임조	20,000원/조
최다 주제 해결상	연간 최다 주제를 해결한 분임조	상장 및 10,000원/조
최다 회합 개최상	연간 최다 회합을 개최한 분임조	상장 및 10,000원/조
최우수 분임조상	연간 분임조 활동 실적 평가서	150,000원/조
최우수 부서상	연간 부서별 분임조 활동 실적	상패
우수 부서장	연간 부서별 분임조 활동 실적	상패
공로자 표창	연간 분임조 활동에 대한 공로가 인정된 자	상장 및 기념품 지급
지도위원 공로상	연간 지도 활동이 우수한 지도위원	공로패 및 1호봉 승급

〈표 2〉 사내 분임조 발표 대회 시상 기준

구분	팀 수	시상 기준	인센티브
금상	1	상장 및 상금 500,000원/조	(분임조원 국내 연수)
은상	2	상장 및 상금 300,000원/조	사외 교육 2명
동상	3	상장 및 상금 200,000원/조	-
장려상	나머지	상장 및 상금 100,000원/조	-

Q35 분임조 활동 결과에 따른 포상금 지원 시스템을 소개해 주십시오.

A 포상의 종류 및 금액은 회사마다 다를 수 있으며, 포상 제도가 분임조 활동의 윤활유가 되어야지 목적이 되지 않도록 유의 바랍니다.

구 분	포상 내용	포상 시기	비 고
회 합	분임조 회합 비용	매 회합 후 분임조 노트 제출 시점	회합 참석 인원 X 인당 회합 비용
주제 해결	주제 종료 후 TQM 사무국에서, 활동 결과를 '분임조 운영 규정'에 의거하여 평가하여 해당 포상 금액 시상	매월 조회 시	A급, B급, C급 등으로 구분하여 시상
사내 경진대회	사내 분임조 경진대회 실시 후 우수 분임조 포상	매년 1회 이상	
사외 경진대회	지역 분임조 경진대회나 전국대회에 참가하여 수상 시 포상	지역 경진대회 (5월~7월 중) 전국대회 (8월 말)	분임조 전원 해외 연수 실시 등도 활용

Q36 분임조 활동과 제안 활동에 있어서 1년간의 개인 실적을 인사에 반영하는 기법이나 방법이 있다면 소개해 주십시오.

A 분임조 활동의 경우 대체적으로 사외 분임조 경진대회 입상 시 인사 고과 반영을 실시하고 있으며, 실시 방법으로는 1호봉 승급 또는 사내 개인 인사 고과표를 기준으로 일정 점수의 가점을 부여하는 것으로 되어 있습니다.

다음에 제시한 내용은 모두 사내 규정에 기술된 분임조 활동 관련 인사 고과 반영 사항을 발췌하였습니다.

분임조 활동 실적에 대한 인사 고과 반영 기준

〈KP사〉

▷인사 고과 반영

사외 경진대회(전국대회 이상)에 참가하여 입상한 분임조에 대하여는 별도 품의에 의해 포상금을 지급할 수 있으며, 동상 이상을 수상한 분임조 전원(생산직 분임원)에 1호봉 특별 승급을 실시할 수 있다.(분임조에 등록 편성된 분임원에 한함)

〈KS사〉

▷포상자 대우

1) 사내 발표대회, 지역 분임조 경진대회, 그룹 분임조 경진대회, 전국 품질분임조 경진대회 등 각종 사내외 대회에서 입상한 분임조에 대하여는 상벌 규정(KXXXF-0200) 및 인사 고과 지침에 따른다.
2) 품질경영팀은 정기 인사 고과 시 당해 연도 인사 고과 가점 대상자를 경영자의 승인을 받아 인사팀에 통보하여 반영하도록 한다.

〈KD사〉

개인 PQ 1급일 경우, 특별 1호봉 부여

〈KY사〉

▷인센티브

전국대회 입상자는 인사 고과 관리 세칙(KXX-03-01-01)에 의거하여 인사 고과 점수에 가산점을 부여한다.

제안 활동의 경우는 사내 제안 실적을 근거로 하여 개인 인사 고과 시 일정 수준의 가산점을 부여하는 방식으로 진행하고 있습니다. 다음에 제시한 내용 역시 사내 규정에 기술된 제안 활동 관련 인사 고과 반영 사항을 발췌하였습니다.

제안 활동 실적에 대한 인사 고과 반영 기준

〈KY사〉

▷ 인사 고과 반영
제안을 제출한 모든 제안자에 대하여 인사 고과 관리 세칙(KXX-03-01-011)에 의거하여 인사 고과에 반영한다.

〈LS사〉

▷ 제안 활동 평가
 (1) 주관 부서는 지속적으로 각 부서의 심사 및 실시 활동을 확인하고, 제안 활동 현황을 분기 단위로 각 부서에 통보한다.
 (2) 제안 활동 실적은 개인 및 부서(팀)별로 평가하며, 개인별 제안 실적은 연말 개인 인사 평가 시 특수 성적(부표 4 참조)인사 고과 시 1호봉 추가)으로 반영한다.

〈HD사〉

▷ 제안 고과

제안 활동에 대한 동기 부여 및 목표 의식 함양을 위해 연말 인사 고과 중 업적 평가에 5점을 반영한다.

▷ 직급별 고과 적용 기준

대상 직급	산출 기준
팀 장	본인 제출 제안 점수(50%)+팀·파트 인원 평균 제출 제안 점수(50%)
파트장 이 하	본인 제출 제안 점수(100%)

Q37. 분임조 개선 활동 단계와 PDCA와의 관계 및 데밍 박사에 대하여 설명해 주세요.

A 분임조 문제 해결 단계는 기본적으로 데밍 박사가 제창한 PDCA 사이클을 기본으로 하고 있으며, 이 분은 1950년도에 일본에 최초로 QC 분임조를 알린 사람이기도 합니다.

데밍(William Edwards Deming)은 1900년 미국 아이오와 수시티에서 태어나 1993년 워싱턴 D.C.에서 타개하였으며 미국의 통계학자·교육자·기업상담가입니다.

법률가의 아들로 태어난 데밍은 와이오밍대학교, 콜로라도대학교, 예일대학교 등에서 공부했으며, 그 후 몇 개 대학에 출강하는 동시에 미국 농무부의 수리물리학자, 미국 통계국의 통계고문으로 일했습니다. 1946년부터는 뉴욕대학교 경영대학원의 교수를 지내면서 몇몇 사기업의 연구고

문으로 활동하였으며, 1930년대 이후 제품의 질을 향상시키기 위해 통계적 분석 방법을 이용하는데 관심을 갖기 시작하였습니다.

1950년대에 일본에 초빙되어 경영자들과 산업공학자들에게 새로운 경영 방식을 소개하게 하였고, 그의 견해를 일본의 기업들은 적극적으로 받아들였으며 그에 힘입어 세계 시장을 장악하게 되었습니다. 품질 관리 경쟁에서 뛰어난 성과를 올린 주요 기업에 수여되는 일본의 데밍상(賞)은 그의 이름을 따서 만들어진 것이기도 합니다.

데밍 박사는 어떤 일에 대하여 개선을 하거나 관리를 할 때에 그것에 대하여 계획(Plan) → 실시(Do) → 확인(Check) → 조치(Action)를 반복적으로 수행해야 한다고 주창하였으며, 대부분의 개선 활동 기법들이 그 근본 사상을 살펴보면 모두 데밍 박사의 이론을 준수하고 있다는 것을 알 수 있습니다.

분임조 문제 해결 방식 역시 예외일 수는 없으며, 분임조의 문제 해결 10단계를 살펴보면 다음 〈표〉와 같이 PDCA 사이클을 기본으로 하고 있습니다.

〈**표**〉 분임조 활동과 PDCA

분임조 활동 단계		PDCA 사이클(데밍 사이클)	
1	주제 선정	계획 (Plan)	어떤 문제를 해결하기 위하여 현재의 상태를 파악하고 주요 요인을 분석하는 단계
2	활동 계획 수립		
3	현상 파악		
4	원인 분석		
5	목표 설정		
6	대책 수립 및 실시	실시 (Do)	개선안을 수립하여 시행하는 단계
7	효과 파악	확인 (Check)	실행된 결과에 대하여 유·무형 효과를 파악하는 단계
8	표준화	조치 (Action)	효과가 있는 개선 내용을 지속적으로 유지 및 모니터링하는 단계
9	사후 관리		
10	반성 및 향후 계획		

Q38. 분임조 운영 표준서 내에 기술해야 할 사항들을 알려 주십시오.

A 각 기업에서 대부분 분임조 활동 규정(절차서)으로 칭하여 사내 표준으로 등록하고 있으며, 기본적으로 규정해야 할 사항들을 살펴보면 분임조 등록, 회합 방법, 테마 완료 평가 및 사후 관리이며, 이 내용들을 표준서에 기술시 주의할 점은 반드시 자사 실정(기업 규모, 업종, 분임조할 때 활동 수준)을 충분히 고려하여 제정되어야 실행할 때 무리가 없습니다.

일부 회사의 경우 타사의 규정을 그대로 복사하여 실행하다 보니 회합 일자 준수도 어렵고, 분임조 활동에 대한 평가를 하여도 분임조별로 변별력이 생기지 않아 규정이 오히려 분임조 활동을 저해하는 '애물단지'가 되는 경우도 있습니다.

이런 경우 분임조원들도 규정을 신뢰하지 않게 되며 분임조 활동을 주관하는 부서 또한 분임조 활동 관리에 많은 애로사항이 생기게 됩니다.

일반적으로 분임조 운영 규정에 기술되어야 할 사항을 핵심적인 부분만 간략히 설명 드리겠습니다.

첫째, 분임조 편성 및 임무

분임조 편성 인원수, 분임조장, 서기, 분임조원들의 역할을 정의합니다.

둘째, 분임조의 등록 및 변경

분임조 등록 카드 작성, 제출, 등록 및 분임조원 변경, 분임조 해체 방법 등을 정의합니다.

셋째, 회합 구분

정기 회합(일자, 시간, 장소 등) 및 임시 회합 방법 등을 정의합니다.

넷째, 분임조 활동 전개 순서(QC 스토리)

주제 선정에서부터 반성 및 향후 계획까지의 문제 해결 방법을 정의합니다. 단, 회사 여건에 따라 추진 단계를 가감할 수 있습니다.

다섯째, 주제 완료 포상

주제 해결 시 평가 항목과, 배점, 가중치 등을 기술하고 평점에 따른 인센티브 지급 방법을 정의합니다.

여섯째, 분임조별 등급 관리

분임조별 주제 해결 이력을 평가하여 등급(A급, B급, C급, D급 등)을 부여한 후 해당 분임조에 수준을 고려하여 육성 방법을 정의합니다.

일곱째, 발표 대회 개최

분기, 반기, 년 등으로 사내 발표 대회 개최 시 신청 방법 및 자료 제출 방법을 정의합니다.

추가적으로 심사 항목이나 심사 위원 운영 방법 등도 기술하면 더욱 좋습니다.

여덟째, 우수 분임조 특혜 및 포상

연간 활동 결과를 평가하여 우수 분임조를 선정하고, 특혜(진급, 호봉 승급, 휴가 등) 및 포상(포상금이나 상품 지급 등) 방법을 정의합니다.

기타 분임조 간 교류회 방법, 교육, 홍보 방법 등을 정의할 수 있으며, 표준서 마지막 부분에는 분임조 활동 전반에 대한 순서도 플로차트를 추가하면 분임조 활동 운영 방법을 한눈에 알 수 있어 편리합니다.

Q39 6시그마, 분임조 활동, 제안 활동의 공통점과 차이점은 무엇인가요?

A 공통점이라면 각각의 활동 모두가 제품이나 업무 프로세스 개선을 통하여 회사 측면에서는 경영 이익에 기여하고, 개인 측면에서는 문제 해결 능력을 향상시키는데 있습니다. 단지 문제 해결을 하는 방법적인 측면에서 접근 방법의 차이가 있습니다.

6시그마 활동은 문제의 실태를 조사하는 정의(define) 단계, 문제의 잠재적인 요인을 찾아보는 측정(measure) 단계, 문제점과 잠재 요인 간의 상관 관계를 통계적으로 분석하는 분석(analyze) 단계, 상관 관계가 있는 원인 인자들을 최적화하는 개선(improve) 단계, 개선안의 유효성 검증을 위한 사후 관리(control) 단계로 문제 해결을 실시합니다.

분임조 활동은 주제 선정 → 활동 계획 수립 → 현상 파악 → 원인 분석 → 목표 설정 → 대책 수립 및 실시 → 효과 파악 → 표준화 → 사후 관리 → 반성 및 향후 계획의 10단계를 기본으로 문제 해결을 실시합니다.

제안 활동은 아이디어 제안을 기준으로 하면 제안 → 검토(채택/불채택) → 실시 → 평가(제안 등급) → 포상으로 문제 해결을 실시합니다.

각각의 개선 활동에 대한 공통점과 차이점을 정리해 보면 다음 〈표〉와 같습니다.

여기에 기술된 차이점들은 절대적인 것이 아니며, 각각의 활동에 차이점을 어느 정도 구분하는데 도움이 되는 정도라고 이해하면 좋을 것 같습니다.

⟨표⟩ 개선 활동별 비교

NO	구분	6시그마	분임조	제안
1	활동 목적	경영 이익에 기여		
2	개선 효과	제품 또는 프로세스 개선		
3	효과 파악 기간	1년(예상 효과)		
4	인센티브	효과 금액의 일정 비율이나 등급별 포상		
5	활동 목표	고객 만족	제품 개선	낭비 제거
6	조직 구성	TFT, 또는 CFT	부서 내 소집단 구성	개인
7	추진 방법	Top Down	Bottom Up	Bottom Up
8	개선 대상 영역	개발, 생산, 서비스 전 부문	제조 공정	직접 사무 부문 및 제조 공정
9	개선 범위	규격 이탈	규격 내 산포	-
10	개선 단계	DMAIC 또는 DMADV	주제 선정 ~ 반성 및 향후 계획(10단계)	제안 → 검토 → 실시 → 심사 → 포상
11	측정 지표	시그마(σ)	부적합품률(%)	-

Q40. QC 공정도에 사용하는 공정 도시 기호의 사용법과 종류에 대하여 구체적으로 설명해 주십시오.

A 품질 관리(QC) 공정도란 부품(재료)이 입고되어 완제품이 되기까지의 과정을 공정 도시 기호를 사용하여 각 공정의 관리 항목과 검사 항목을 기술한 문서입니다.

이것을 보면 그 회사에서 제품을 어떻게 만들어 내고 있는지 핵심적인 과정을 한눈에 파악할 수가 있습니다. 마치 개인의 이력서와 같은 서류이지요. 이력서를 보면 그 사람이 태어나서 현재까지 어떻게 살아왔는지를 한눈에 파악할 수 있으니까요.

질문하신 공정 도시 기호를 사용하는 이유는 QC 공정도를 보면 누구나 어떤 공정을 통하여 제품이 완성되는지를 쉽게 알 수 있도록 하기 위함입니다. 즉 어떤 작업 상황을 누구나 동일하게 이해할 수 있도록 기호로 표준화한 것이지요.

공정 도시 기호는 한국산업표준(KS A 3002, 1964년 7월 14일 제정)에 정의되어 있으며, 기본 도시 기호, 보조 도시 기호 및 복합 도시 기호로 분류합니다.

첫째, 기본 도시 기호

기본이 되는 요소 공정을 도시하기 위해 쓰이는 기호로서 가공, 운반, 저장, 지체 및 검사의 기호들입니다.

번호	요소 공정	기호 명칭	기호	뜻	비고
1	가공	가공	○	원료, 재료, 부품 또는 제품의 모양, 성질에 변화를 주는 과정을 나타낸다.	-
2	운반	운반	○ (⇨)	원료, 재료, 부품 또는 제품의 위치에 변화를 주는 과정을 나타낸다.	운반 기호의 지름은 가공 기호 지름의 1/2~1/3로 한다. 기호 ○ 대신에 기호 ⇨를 써도 좋다. 다만, 이 기호는 운반

번호	요소공정	기호명칭	기호	뜻	비고
					의 방향을 뜻하지 않는다.
3	정체	저장	▽	원료, 재료 부품 또는 제품을 계획에 따라 저장하고 있는 과정을 나타낸다.	-
4		지체	D	원료, 재료, 부품 또는 제품이 계획에 반하여 지체되고 있는 상태를 나타낸다.	-
5	검사	수량검사	□	원료, 재료, 부품 또는 제품의 양 또는 개수를 계량하여 그 결과를 기준과 비교하여 차이를 나타낸다.	-
6		품질검사	◇	원료, 재료, 부품 또는 제품의 특성을 시험하고, 그 결과를 기준과 비교하여 로트의 합격, 불합격 또는 개개 제	-

번호	요소 공정	기호 명칭	기호	뜻	비고
				품의 양호, 부적합(부적합)을 판정하는 과정을 나타낸다.	

둘째, 보조 도시 기호

공정 계열에서 계열의 상태를 도시하기 위하여 쓰이는 기호로서 흐름선, 구분 및 생략의 각 기호들을 나타냅니다.

번호	기호 명칭	기호	뜻	비고
1	흐름선	│	요소 공정의 순서 관계를 나타낸다.	순서 관계를 알기 어려울 때에는 흐름선의 끝부분 또는 중간 부분에 화살표를 그려서 그 방향을 명확히 나타낸다. 흐름선의 교차 부분으로 나타낸다.
2	구 분	⌒⌒	공정 계열에서 관리상의 구분을 나타낸다.	
3	생 략	══	공정 계열의 일부분 생략을 나타낸다.	

셋째, 복합 도시 기호

2개의 요소 공정이 갖는 기능 또는 상태가 1개의 공정으로 동시에 채택되는 경우에는 각각의 요소 공정 기호를 복합하여 도시할 수 있습니다. 이 경우 주(主)가 되는 요소 공정의 기호를 바깥쪽에 작도하고, 부가되는 요소 공정의 기호를 안쪽에 나타내면 됩니다.

복합 기호	뜻
	품질 검사를 주로 하면서 수량 검사도 한다.
	수량 검사를 주로 하면서 품질 검사도 한다.
	가공을 주로 하면서 수량 검사도 한다.
	가공을 주로 하면서 운반도 한다.

Q41 TQM이란 용어의 의미를 알고 싶습니다.

A TQM이란 'Total Quality Management'의 약자로서 '전사적 품질 경영'으로 해석할 수 있습니다.

QM(품질 경영)이란 품질 방침, 목표 및 책임을 결정하고 이들은 품질 계획(Quality Plan), 품질 관리(Quality Control), 품질 보증(Quality Assurance), 품질 개선(Quality Improvement)과 같은 수단에 의해 품질 시스템 내에 실행하는 전반적 관리 기능에 관한 모든 항목으로 QM = QP + QC + QA +QI로 표현하기도 합니다.

TQM이란 품질에 중점을 두고 전원 참여에 의해 고객만족과 조직 구성원 및 사회에 대한 이익 창출을 위하여 장기적 성공에 목표를 두고 조직 전원이 참여하는 전사적 품질 경영 활동입니다.

문제 해결 10단계

Q42 품질 분임조 활동에서 주제명 표기 방법에 대해 알려 주세요.

A 주제명이란 그 개선 활동 전반을 한마디로 표현하는 것입니다. 때문에 누가 보아도 한눈에 그 활동을 이해할 수 있도록 표현하는 것이 중요하지요.

일반적으로 제목을 부여하는 방법은 다음 형식에 따르는 것이 좋습니다.

| 주제명 표기 방법 : 수단 + 목적 |

즉 '~개선으로 ~감소'와 같은 형태의 제목이 적당합니다.

앞에 있는 부분이 개선의 수단이 되는 것이고, 뒤에 있는 문장이 개선 활동의 결과가 되는 것입니다.

분임조 활동의 주제명으로 많이 표현되는 내용들을 제시하면 다음 〈표〉와 같습니다.

〈표〉 주제명 표현 방법

NO	수 단	목 적	비 고
1	OO 공정 개선으로	OO 부적합품률 감소	• 때에 따라 대상+수단+목적의 표현도 사용
2	OO 공정 개선으로	수율 향상	• 좌측의 표기 방법은 수단과 목적을 매트릭스 형태로 조합하여 사용 가능
3	OO 공정 개선으로	작업 시간 감소	
4	OO 설비 개선으로	OO 로스 감소	• 현재 표현된 방법 이외에도 개선하고자 하는 내용에 따라 다양한 형태의 주제명 부여 방법이 있을 수 있음
5	OO 설비 개선으로	고장률 감소	
6	OO 설비 개선으로	고장 시간 감소	
7	OO 방법 개선으로	OO 향상	
8	OO 방법 개선으로	OO 단축	

Q43

분임조 주제 선정 전에 사전 조사를 하는 경우가 있는데, 이를 효율적으로 실시하는 방법 및 실행 사례에 대하여 소개해 주세요.

A 주제를 선정을 위한 사전 조사란 예비 주제명만을 보고 거수(擧手)에 의하여 주제 선정이 부적합하다고 생각될 경우에 실시합니다.

이를 실시하면 기존에 '테마 뱅크'에 등록된 예비 주제에 대하여 간략한 현상 파악을 실시하게 됨으로써 좀 더 그 예비 주제의 중요성 및 필요성을 이해할 수가 있습니다.

실시 방법은 예비 주제를 제안한 분임조원이 현재의 문제점을 조사하여 간략하게 정리(가능한 도표화하여 계수화하여 정리하면 좋음)한 후 주제 선정 회합 시 조사 결과에 대한 설명을 실시합니다.

분임조원들은 설명을 통하여 예비 주제를 좀 더 확실하게 이해할 수 있고 의문 사항이 있을 때는 질의 응답도 실시합니다. 이 단계를 실시하면 좀 더 그 분임조에 적합한 주제가 선정될 수 있는 장점이 있습니다.

하지만 예비 주제에 대한 현상 파악을 위하여 과거의 데이터를 재정리하거나 새로 별도로 조사를 실시해야 하기 때문에 주제 선정 단계의 소요 기간이 길어 질 수도 있으니, 예비 주제의 성격을 해당 분임조에서 판단하여 실시가 필요할 경우에만 실시하기를 권장합니다.

이에 대한 실시 사례를 첨부하니 참고하시기 바랍니다.

예비 주제 현상 및 문제점 파악

제출안건	고객 입실·퇴실 시스템 개선을 통한 체크인-아웃 지연 건수 감소	객실 서비스 개선을 통한 고객 불만족도 감소	콘도 내 사고 방지 시스템 개선을 통한 사고 건수 감소	객실 확인 방식 개선을 통한 객실 지정 오류 건수 감소
현상 및 문제점	▶체크인-아웃 지연 건수 현황 입실지연: 21, 19, 23, 24 퇴실지연: 12, 5, 11, 13 기간: 1주, 2주, 3주, 4주 고객 입실/퇴실 지연으로 인한 고객 만족도 하락 원인	▶고객 불만족도 현황 구분: 객실, 식음, 부대시설 불만족도: 14.9, 13.2, 12.8 객실 서비스 불만족으로 인한 콘도 이미지 하락 초래	▶콘도 내 사고 건수 구분: 시설, 비품, 전기, 기타, 계 건수(건): 17, 16, 14, 11, 58 누계(%): 31, 30, 28, 19 (84.3 / 60.8 / 31.4) 콘도 내 주요 업장별 사고 월 평균 발생 건수	▶객실 지정 오류 건수 현황 26건(48%) 전산 오류 12건(17%) 기타 객실 지정 오류 접수건 (37%) 프론트 직원 미숙 분류: 프론트 직원 미숙, 전산 오류, 기타 고객오류접수건(건): 26, 26, 12 객실 확인 방법 차질로 인한 객실 지정 오류
대상 조사 기간	11. 6. 1 ~ 6. 30	11. 6. 1 ~ 6. 30	11. 4. 1 ~ 6. 30	11. 1. 1 ~ 6. 30
출처	프런트 업무일지	불만족도 조사 결과 보고서	사고 경위서	객실 업무 일지
제안자	류원하	박선배	윤미래	허재준

〈그림〉 예비 주제 현상 및 문제점 파악 사례

Q44
주제 선정을 하려면 안건이 제출되지 않아 항상 몇 번이나 회합을 하게 됩니다. 주제 선정을 쉽고 빠르게 할 수 있는 방법을 가르쳐 주세요.

A 주제 선정을 위한 작업은 평소에 실시해야 합니다.

어느 날 회합을 통하여 차기 주제를 선정하려고 하면 각자가 평소에 업무 수행 중에 느꼈던 문제점이 잘 생각나지 않거나 누락될 수가 있습니다. 따라서 금번 주제 수행 중에도 차기 주제에 대비하여 각자가 느끼는 문제점을 어딘가에 항상 기록해 두어야 합니다.

귀 분임조에서 주제 선정을 원활히 하기 위해서는 다음 〈그림〉과 같은 4단계 원칙을 준수할 것을 먼저 권고 드리고 싶습니다.

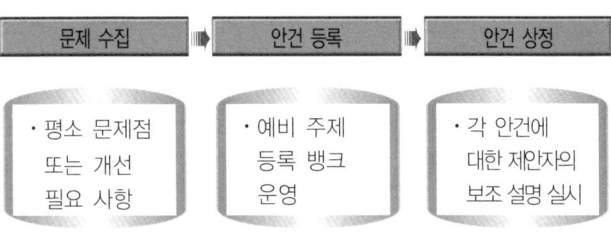

<그림> 주제 선정을 위한 4단계 원칙

업무 수행 중 느끼는 문제점을 즉시 메모한 후 분임조장이나 서기를 통하여 차기 예비 주제로 통보합니다.

예비 주제로 통보된 안건에 대하여는 분임조 회의록에 기록한 후, 차기 주제 선정 단계에서 그동안에 등록된 예비 주제를 제안자의 설명을 통하여 평가합니다.

마지막으로 분임조원의 다수결 표결에 의거하여 차기 주제를 확정합니다.

이런 과정을 통하면 그 분임조에서 해결해야 할 적절한 주제가 선택될 수 있으며 회합 또한 1회면 충분합니다.

Q45 주제 선정 시 품질 향상도 중요하고 유형 효과도 중요한데, 어디에 중점을 두고 평가해야 하는지요?

A 당연합니다. 품질 향상, 유형 효과 모두 기업에서 중시할 수밖에 없는 요소들이죠. 하지만 우리가 기업의 개선 활동에 있어서 간과하지 말아야 할 중요한 사항이 '두 마리 토끼를 한 번에 잡으려 하지 말라'는 것입니다.

우리가 개선 활동에 흔히 사용하고 있는 파레토도가 이를 잘 대변하고 있다고 보면 됩니다. 우리 주변의 문제가 모두 중요하겠지만 그 중에 가장 크다고 생각하는 문제 하나만이라도 우선 해결하자는 사고이지요.

주제 선정에서도 이는 예외일 수 없습니다. 우선 귀사의 방침이나 윗사람의 요구 사항을 생각해 보시고, 어느 사항을 좀 더 중요하게 강조하고 있는지를 판단하여 그 요소에 중점을 두는 것이 바람직합니다. 어떤 회사에서는 품질을 중시하고 어떤 회사에서는 유형 효과를 중시할 수 있습니다. 어느 것이 옳고 어느 것이 그르다 할 수 없는 사항입니다. 그 회사 실정에 맞추어야하는 것이 정답이지요.

 때에 따라서는 2가지 요소 모두가 똑같은 정도로 중요할 수도 있습니다. 이럴 경우에는 주제 선정 적합성 평가에서 해당 항목 가중치를 동등하게 부여하면 됩니다.

Q46 회사 전체적으로 나타나는 문제에 관하여 개선하길 원할 때, 본인 부서와 관련이 없는 부서의 문제에 대하여 주제를 선정하고 분임조 활동을 하고 싶은데 어떻게 해야 할까요?

A 우선 귀 부서 문제와 직접 관련이 없는데도 회사 입장에서 문제를 생각하고 해결하려는 사고를 가진 데 대하여 칭찬하고 싶군요.

사실 많은 직원들이 개선 활동하는 것 자체에 대하여 그다지 긍정적이지는 않습니다. 그저 회사에서 정책적으로 하라고 하니까 마지못해 따라하는 경우가 많이 있기 때문입니다. 이 경우 귀하가 타부서 분임조원들과 같이 활동을 할 수는 있지만 용이하지는 않습니다.

그 방법으로는 타부서 분임조와 자기 부서 분임조가 주제 해결을 같이 해야 효율적일 경우에 '연합 분임조'라는 것을 결성해야 합니다. 즉, 연합 분임조란 특정 목적을 위하여 한시적으로 개선 활동을 같이 하는 것입니다.

단지 어려운 점이 서로 부서가 다를 경우에는 분임조원 간의 공유 업무가 적어지므로 일부 분임조원은 활동에서 소외될 수 있으며, 모임 또한 2개의 부서가 같은 시간에 실시해야 하므로 단독 분임조 활동보다는 분임 토의가 어렵습니다.

개선 활동에 대한 업무 분담 또한 서로가 많이 배려를 해주어야 원활하게 진행될 수 있습니다.

필자의 생각으로는 업무 관련성이 적다면 연합 분임조보다는 제안 제도를 활용하여 연합하려고 하는 분임조에 대한 특정 문제점에 대하여 귀하가 가지고 있는 아이디어를 제공해주는 것을 권장하고 싶습니다. 혹시 귀사가 6시그마 활동을 하고 있다면 귀하의 생각을 용이하게 실행할 수는 있습니다.

일반적으로 6시그마 활동은 테마의 범위에 따라 부서 내 인원끼리 TFT(Task Force Team)를 구성하여 활동하거나 여러 부서에서 관련자들이 모여 CFT(Cross Functional Team)를 구성하여 활동하는 것이 일반화되어 있기 때문입니다.

Q47 현재 4~5개월 기간으로 분임조 주제 해결을 하고 있는데 대책 수립 및 실시 단계에서 답보 상태이고, 해답을 못찾고 있을 때 개선하기 불가능하다고 판단이 들면 마무리를 해야 하는지요? 즉 주제 해결이 가능치 않다고 판단될 때 마무리를 어떻게 해야 하는지요? 또 새롭게 주제를 정해서 다시 하는 것이 효율적일까요?

A 많은 분임조에서 겪게 되는 과정이기도 합니다. 처음에 분임조 활동을 하다 보면 과도한 욕심에 무조건 효과가 큰 주제만을 선택하게 되는 경우가 많은데, 이럴 경우 막상 대책을 실시하려고 하면 대부분의 개선안이 타부서의 협조가 절대적이거나, 아니면 외부 전문 기관에 실행 의뢰를 해야 할 사항이 발생하는 경우가 많습니다.

그러나 분임조 활동이란 어디까지나 회사의 정책적인 사항이라기 보다는 분임조 스스로가 자유롭게 실행하는 것이 원칙인 탓에 타부서의 협조에 대해 강제력을 행사하기가 어려운 실정입니다. 그나마 협조 부서의 지원이 적극적이면 모르겠지만 그렇지 않은 경우에는 대책 실시 단계가 막

막해지게 되지요.

이런 정체 상황이 오래되면 분임조원들도 시간이 흐름에 따라 지치게 되고 분임조장은 더욱 큰 스트레스를 받게 됩니다.

때문에 이러한 상황을 고려해서 분임조 활동에서는 주제 선정 시 적합성 검토에서 일반적으로 다음 〈그림〉과 같이 5대 평가 항목을 선정하여 주제를 평가하고 있습니다. 여기서 '해결 가능성'이란 바로 '분임조 스스로의 자력으로 현재의 문제를 해결할 수 있을까?'라는 질문을 해 보고 주제를 선정하라는 의미가 담겨 있는 것이지요.

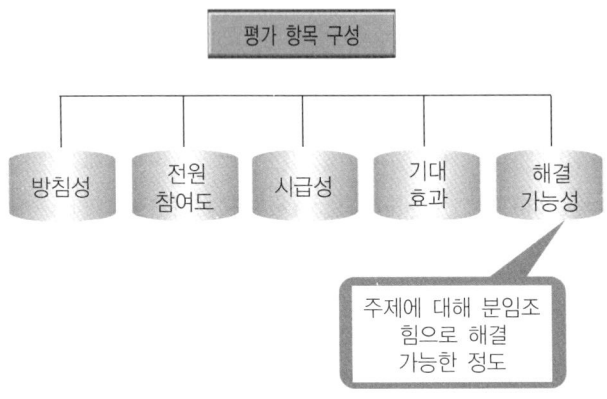

〈그림〉 주제 적합성 검토 평가 항목

귀 분임조에서는 주제 선정 시 이 부분을 고려하지 않았거나 고려했더라도 그에 대한 비중을 크게 두지 않았던 것으로 사료됩니다.

한 번 더 소속 부서장과도 협의해 보시고 그래도 실행이 어렵다고 판단될 때는, 아쉽지만 현재의 테마 진행을 중단하시고 현재까지 진행된 사항에 대해서는 제안서를 작성하여 타부서에 요청하거나 보류해 두었다가 향후 여건이 조성될 경우에 다시 진행을 검토해 보시기 바랍니다.

그리고 차기 진행 주제 선정 시는 반드시 주제 선정 평가 항목에 가중치를 추가하여 평가하시기 바랍니다.

가중치의 부여 정도 또한 다른 항목보다 '해결 가능성'이란 평가 항목에 다른 항목보다 최소 2배 이상의 가중치를 부여하고 주제를 선정하게 되면, 향후에는 주제 해결 단계 진행에서 현재와 같이 어려운 경우는 발생하지 않을 것으로 판단됩니다.

Q48
사무실에서만 6년째 근무하는 여직원입니다. 사무 업무를 위주로 한 개선 주제를 소개해 주세요.

A   국내에서 소개되고 있는 대부분의 개선 활동이 현장 생산 부문에 대한 사례가 대다수를 차지하고 있습니다.

전국 품질분임조 경진대회에서도 사무 간접 부문의 활동은 현장 개선 활동 사례의 20% 미만을 차지하고 있는 실정입니다.

이는 사무 간접 부문의 활동이 활성화되어 있지 않다고 볼 수도 있겠지만, 보다 근본적인 이유는 현장 개선 활동에 비하여 사무 간접 부문의 활동은 현상이나 개선 효과를 정량화하기 어렵다는 데 기인됩니다.

현장 개선은 주로 '부적합품률 감소', '가동률 향상', '작업 시간 감소', '원가 절감' 등 데이터의 정량화가 이미 현장에서 관리되고 있어 이에 대한 측정이 쉬운 반면에 사무 부문 개선은 '업무 프로세스의 개선'이 주가 되고 있으나, 이에 대한 현상이 정량화되어 있지 않거나 정량화하기가 대단히 어렵습니다.

또한 6시그마 활동에도 사무 간접 부문에 대한 사례는 거의 전무한 상태입니다. 따라서 사무 간접 부문의 개선 활동 활성화를 위하여는 현상에 대한 정량화 표현에 대한 연구가 좀 더 활발하게 이루어져야 합니다.

사무 부문에서 개선 제안의 주제가 될 수 있는 사례를 다음 〈표〉에 소개해 드리니 사무 개선 활동에 활용하시기 바랍니다.

〈표〉 사무 부문의 개선 테마 사례

부 문	테 마
총 무	1) 전화 응대하는 방법을 개선 2) 전화 대기 시간의 단축 3) 접수 업무의 간소화 4) 고객 응대 방법의 표준화 5) 통신비의 절감 6) 소모품류 입출고 업무의 간소화
인 사	1) 급여 계산 착오의 방지 2) 출퇴근 통계의 신속화, 간소화 3) 지식 경영 시스템(KMS) 운영의 활성화 4) 인사 파일의 데이터 베이스 관리 방법 개선 5) 교육훈련 실적 관리 방법의 개선
경 리	1) 경리 작성 전표 미스의 방지 2) 원가 견적 시간의 단축 3) 직무 분장 적정화에 의한 결산 업무의 일정 단축화 4) 잔업 시간의 단축과 평준화 5) 경리 계정 과목의 재조정
기 획	1) 파일링 시스템 방법 개선 2) 품의 및 기안 보고서 형식의 표준화 3) 전결 권한의 현실화를 통한 업무 처리 시간 단축 4) 회의 실시 방법의 효율화 5) 방침 관리 시스템 운영 방법 변경
전 산	1) 장비 관리 방법의 전산화 2) 데이터웨어(D/W) 하우스 도입을 통한 현업 요구 만족

부 문	테 마
	3) 전산 기록 보존 관리 방법의 표준화 4) 바이러스 사전 홍보제 실시 5) 시스템 분석 및 설계 방식 개선
구 매/ 자 재	1) 발주품의 납기 확보 2) 발주 전표 에러의 감소 3) 구매 관리 절차의 간소화 4) 자재 재고 회전률 향상 5) 재고 조사 방법의 간소화, 신속화 6) 적기 발주를 통한 재고량의 감축 7) 자재 보관 방법의 개선 8) 부적합품 보관 방법의 표준화 9) 분류 미스, 배송 미스의 감소 10) 발송 방법의 개선에 의한 발송 일정 단축화 11) 수송 업무의 합리화에 의한 수송비의 절감 12) 외주품의 납품 방법의 표준화

Q49 서비스 분야에서 분임조 활동을 하는데 주제선정을 효과적으로 할 수 있는 방법을 알려 주세요.

A 서비스업은 제조업과 달리 최종 소비 고객을 직접적으로 접하게 됨으로써, 제품 및 서비스에 대한 실사용자의 목소리를 직접 들을 수 있는 장점이 있습니다.

일반 제조업 분야에서는 제품에 대한 소비자의 느낌을 여러 단계를 거쳐 통해 듣기 때문에 시간도 많이 소요되며 소비자의 생생한 느낌 또한 많이 희석되어 전달되기 때문에 고객 만족 활동이 현실감이 적은 경우가 많습니다.

즉 서비스업에서의 분임조 활동은 제조업에 비해 좀 더 실시간적인 고객 만족 활동이 가능하다는 것이지요.

주제 선정에서 가장 중요한 것은 고객 접점(MOT : Moment of Truth)으로부터 접수되는 고객의 소리(VOC :

Voice of Customer) 청취입니다. 대부분의 서비스 업종에서는(고객 센터) '고객의 소리 카드', '친절 사원', '불친절 사원', '홈페이지' 등을 통하여 매장에서 개선해야 할 사항이나 건의 사항들을 입수하고 있습니다.

이것이 바로 분임조 활동의 주제가 되는 것입니다.

주제가 선정되면 현상 파악 → 원인 분석 → 대책 수립 및 실시 → 효과 파악순으로 개선 활동을 진행하면 됩니다.

물론 단계를 진행하기 위하여는 기본적인 QC 기법은 숙지해야 합니다.

서비스 업종에 적합한 주제 선정 흐름도는 다음 〈그림〉과 같습니다.

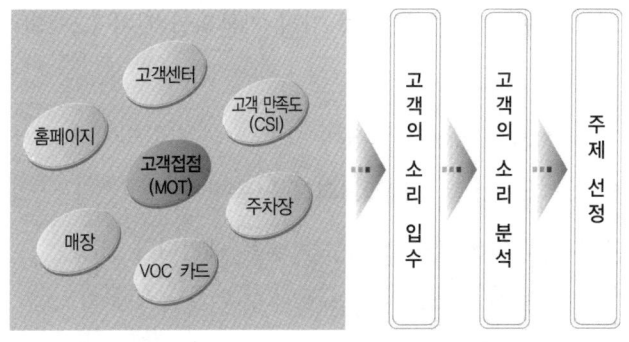

〈그림〉 서비스 업종의 주제 선정 흐름도

> **Q50** 백화점에 근무하는 분임조원입니다. 저희는 고객의 의견을 듣기 위하여 다양한 방법으로 '고객의 소리 듣기' 활동을 실시하고 있는데 아이디어 부족을 많이 느끼고 있습니다. 타사에서 고객의 소리를 듣기 위한 제도와 양식이 있으면 소개해 주시면 많은 도움이 될 것 같습니다.

A 1990년대에 들어서면서부터 고객 만족 경영(CSM : Customer Satisfaction Management) 활동이 우리나라에서도 활발해지기 시작하면서 회사 업종, 규모별로 다양한 고객 행사나 고객 우대 활동이 활발히 전개되고 있습니다.

고객 만족 경영 활동 중 가장 기본적인 것이 '고객의 소리(VOC)' 청취입니다.

이 제도는 생산자의 정책 수립을 하는데 있어서 회사의 입장보다는 고객 입장의 의견을 듣고 판단하겠다는 회사 경영 전략의 변화를 보여주는 좋은 예입니다.

이런 고객 위주의 활동은 앞으로 더욱더 강화될 것은 자명(自明)한 일이며, 필자가 그동안 관심을 두고 수집한 고객의 소리 카드 중 대표적인 것들을 다음 〈그림〉에 소개하여 드리니 귀사 업무에 참고하시기 바랍니다.

〈그림〉 고객의 소리(VOC) 카드 예

1. 첫 방문이신가요?

| 1회 | | 2회 이상 |

2. 서비스에 만족하셨나요?

| 매우 만족 | 만족 | 보통 | 불만족 | 매우 불만족 |

3. 불만족스러우셨다면 어떠한 점이 불편하셨나요?

_____

4. 음식에 만족하셨나요?

| 매우 만족 | 만족 | 보통 | 불만족 | 매우 불만족 |

5. 불만족스러우셨다면 어떤 음식에 문제가 있었나요?

_____

6. 베스트 친절 직원을 추천해 주세요. (　　　　)
7. 불친절 직원이 있었다면 알려 주세요. (　　　　)
8. 보노보노에 바라는 점을 알려 주세요.

_____

고객님의 답변 하나하나에 깊은 감사의 말씀 드리오며 불편 사항이나 불만족스러웠던 메뉴는 개선하도록 하겠습니다. 감사합니다.

이용하신 역의
서비스 만족도를 평가
해주시면 개선하겠습니다.

해당란에 체크 √ 해 주세요 **고객응대**	매우만족	만족	보통	불만	매우불만
직원의 친절도 및 태도					
업무처리의 정확도 및 신속성					
서비스 전반에 대한 만족도					
이용환경					
역사 내 환경 및 청결도					
역사 내 시설물 이용 편리성					
역사 내 승객 편의시설 정도					

기타의견
기타 저희 도시철도 (5678호선) 이용시 불편·건의·
칭찬하실 내용 등이 있으시면 기재해 주십시오.

불편·건의사항에 대한 결과를 원하시는 분은
연락처를 기재해 주십시오

성 명 :   연락처 :
E-Mail · 거주지 주소 :

언제나 고객에게 최선을 다하는 도시철도가 되겠습니다.
http//:www.smrt.co.kr

5678서울도시철도를 이용해 주셔서 감사합니다.
5678서울도시철도는 고객과 함께 발전하는 지하철,
고객에게 보다 만족을 드리는 지하철이 되고자
여러분의 소중한 의견을 기다리고 있습니다.

고객님의 소중한 의견을 기다립니다.

고객께서 주신 의견은 서비스 및 업무개선을 위한 소중한 자료로 활용되오니 관심어린 의견을 부탁드립니다.

- 이용일시 : 201   년   월   일(:   )
- 이용구간 :   역 —   역
- 의견주시는 분 (성별 : 남, 여)
  - 연 령 :   세
  - 직 업 : 직장인, 자영업, 전문직, 주부,
           학 생, 기 타(   )

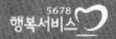

시민고객과 함께 행복한 5678서울도시철도는 부패 '0'의 공기업입니다

고·객·의·소·리

고객 여러분,
충남테크노파크를 방문해 주셔서 감사합니다.
항상 고객님의 의견에 귀를 기울이고 있습니다.
충남테크노파크를 이용하시면서 느끼신 만족, 불만족, 제안사항 등을 작성하시어
고객의 소리함에 넣어주세요.
저희 임직원은 더 나은 고객감동서비스를 위하여 고객님의 의견에 항상 귀 기울이겠습니다.
감사합니다.

◎ 고객정보

성 함	
업 체 명	
전화번호	
이 메 일	@

◎ 주 제 (해당되는 주제에 체크(O)하신후 제목을 작성하여 주세요)

구 분	제 목
칭찬합니다 ( )	
불만입니다 ( )	
제안입니다 ( )	
기 타 ( )	

◎ 내 용 (구체적으로 기술하여 주시기 바랍니다.)

·고객카드·

1. 평소에 저희 매장을 이용하시는 횟수는?

   □ 주1회 이상 □ 월2회 □ 월1회 □ 3개월에 1회 □ 6개월에 1회 이하 □ 처음

2. 오늘 드신 주요 메뉴는 무엇이었나요? (   )

3. 오늘 느끼신대로 다음 항목을 체크해 주십시오.

		매우만족	만족	보통	불만	매우불만
음 식	음식의 맛	□	□	□	□	□
	음식의 양	□	□	□	□	□
서비스	직원 친절성	□	□	□	□	□
매 장	청결 상태	□	□	□	□	□
전 체	전반적 평가	□	□	□	□	□

4. 기본 인적 사항

   고객님의 정보는 할인쿠폰 발송 및 이벤트 안내 등 보다 나은 서비스를 제공하여 드리기 위함이며, 다른 목적으로는 사용되지 않음을 약속합니다.

   성   함 : _____ (남 □ / 여 □)
   생년월일 :   년   월   일 (양 □ / 음 □)
   E-mail : _____ @
   우편물주소 :
   휴 대 폰 :

   ★ 개인정보활용 동의 체크란 (예 □ / 아니오 □)
                                                         (서명)

5. 기타 의견란(바라는 점, 불편한 점, 칭찬할 점 등)

[원할머니]

친절한 사원을 말씀해주세요.

코 너		코 너
사원성명		
일 시	. .	

내 용

작성하신 후 고객의 소리함에 넣어 주십시오.
참여해 주셔서 감사합니다.
고객상담실 : 02) 399-5600

✿ 고객성명 :   Tel. :
✿ 고객주소 :

✿ (주)영풍문고

불친절한 사원을 말씀해주세요.

코 너		코 너
사원성명		
일 시	. .	

내 용

작성하신 후 고객의 소리함에 넣어 주십시오.
참여해 주셔서 감사합니다.
고객상담실 : 02) 399-5600

✿ 고객성명 :   Tel. :
✿ 고객주소 :

✿ (주)영풍문고

고객의 소리

고객님의 행복한 미소와 함께하는 싱글방글 삼주!
이용 시 개선 할 점이나 불편한 점이 있으시면
언제든지 고객의 소리를 이용하여 주시기 바랍니다.

성 명 :
소 속 :
연락처 :

연락처를 남기시는 분께는 개별적인 답변과 빠른 개선을 약속드립니다.

고객님이 주신 소중한 의견을 모아
더 나은 서비스로 보답하겠습니다.

삼주외식산업(주)
www.samju.com

20 년 월 일

칭찬내용

개선내용

만족도 | 매우만족 | 만족 | 보통 | 불만족 | 매우불만족
1. 맛
2. 위생
3. 서비스
4. 전체적인 만족도

숭실대학교 소비자생활협동조합

문의 : 02)820-0895 www.soongguri.com

건의함은
학생식당 컵 자외선 소독고 옆,
교직원식당 컵 자외선 소독고 옆,
생활문화관 편의점 온수기 옆에
설치되어 있습니다.
건의함에 의견을 직접 넣어주셔도 되고
서점, 더키친, 경상관, 형남공학관,
조만식기념관, 전산원 편의점 캐셔에게
전달해 주셔도 됩니다.

항상 노력하고 발전하는
생협이 되도록 하겠습니다

식당, 편의점, 서점 등 학내 편의시설을 이용하다가 불편한 점이 있으면 의견을 남겨주세요.
의견을 취합하여 매주 개선상황을 알려드립니다.

월 1회 가장 많은 분들이 공감하는 의견을 주신 분을 선정해서 상품을 드립니다.

생활협동조합 홈페이지 '불만제로' 게시판도 이용하실수 있습니다.
www.soongguri.com(커뮤니티 컨텐츠)

'친절한 직원'을 칭찬해 주세요.

저희 한양대학교병원은
소중한 고객님의 소리를 청취하고자 합니다.
고객님의 소리를 담아 더 나은 서비스, 만족스러운
진료와 편의를 위해 끊임없이 노력하겠습니다.

일 자 :　　　　　년　　　월　　　일
고객성명 :　　　　　　　환자 □ 보호자 □
전화번호 :
주　소 :
E-mail :

한양대학교병원
고객상담실 : (02)2290-9597~8　Fax : (02)2291-0782

친절한 직원을 칭찬해 주세요.
칭찬하고 싶은 직원 :
칭찬 이유 :

고객님의 소중한 의견 감사드립니다.

'고객의 불편'을 말씀해 주세요.

저희 한양대학교병원은
소중한 고객님의 소리를 청취하고자 합니다.
불편하셨던 점이나 건의사항을 적어 주시면
더 나은 진료 서비스를 위해 최선을 다하겠습니다.

일 자 :　　　　　년　　　월　　　일
고객성명 :　　　　　　　환자 □ 보호자 □
전화번호 :
주　소 :
E-mail :

한양대학교병원
고객상담실 : (02)2290-9597~8　Fax : (02)2291-0782

불편하셨던 점을 말씀해 주세요.
고객 불편 및 건의사항

고객님의 소중한 의견 감사드립니다.

PART 02 • 문제 해결 10단계 | 149

Q51 '활동 주제가 나오지 않는다면 고객의 소리에 귀를 기울이라'는 말이 있습니다. 고객의 소리가 워낙 많고, 다른 부서의 도움을 받아야 하는 경우도 자주 생깁니다. 또 고객의 소리는 사실 당연히 개선해야 할 사항, 즉 기본적인 것이라 머뭇거려지기도 합니다. 어떻게 해야 할까요?

A 고객의 소리(VOC) 특성에 대해 먼저 말씀 드려야 할 것 같군요.

고객이란 제조자가 만든 제품을 사용하는 사람으로 제조 기술이나 제품 규격에 대하여는 무지하다고 봐야 합니다. 단지 본인이 가지고 있는 제품에 대한 기대치(expected value)에 대하여 감성 품질로서 제품의 좋고 나쁨을 판단할 뿐입니다.

어찌 보면 가장 단순하고, 기본적인 요구 사항만을 요구하지만 이를 제조 기술로 실현하기 위해서는 많은 기술력이 동원되어야 합니다. 즉, 고객이 말하는 일반적인 소리(needs)를 원시적인 언어라 하고, 이것을 제조사에서는 제품 규격으로 정의할 수 있는 대용 특성으로 바꾸어야 한다는 것이지요. 예를 들어 카세트 테이프에 대하여 고객이 좋은 음질을 요구한다고 하면 제조사는 음질의 특성을 주파수대별로 분리도 해야 하고, 잡음(noise) 대역에 대한 특성을 데시벨(dB)로 정의하여 이를 감쇠시키는 기술도 또한 만들어 내야 합니다.

또 카메라에 대하여 고객이 잘 찍히는 카메라를 요구한다고 하면 제조사는 심도(深度)로 조절하는 조리개 기능, 동감(動感)을 조절하는 셔터 스피드 기능을 카메라에 내장하여 고객이 질감과 동감을 자유롭게 표현할 수 있는 카메라를 개발해야 합니다.

통신 모뎀을 제조하고 회사는 고객이 발생시킨 신호를 손상 없이 전송하기 위하여 변조·복조 기술, 동기(sync)·비동기(async) 등의 신호 전달 방식, 통신 회선의 특성 등을 모두 감안한 모뎀을 개발해야 합니다.

이는 모두 고객의 단순한 말을 제조사 입장에서는 고유 기술로 전환해야 한다는 것을 의미하며, 이를 빨리 실현하는 회사만이 비로소 경쟁 사회에서 승자로 남게 되는 것입니다.

이런 고객의 언어를 기술적인 대용 특성으로의 변환을

좀 더 용이하게 하기 위하여 개발된 도구로 품질기능 전개(QFD : Quality Function Development)란 것이 있으니 관심이 있으시면 관련 서적을 탐독하시기 바랍니다.

끝으로 고객의 소리를 듣기 위해서는 당연히 이를 가장 먼저 접하고 있는 부서의 협조를 받아야 합니다.

이것이 부담스러울 경우에는 고객의 소리가 담겨 있는 관련 기록을 입수하여 참고해도 됩니다.

고객의 소리가 담겨 있는 기록들로서는 고객 만족도(CSI : Customer Satisfaction Index) 조사 보고서, 시장 보고서, 클레임 처리 보고서, 고객 상담 대장, 고객 제안 카드 등이 있습니다.

Q52 주제 선정을 쉽고 빠르게 하는 방법이 없을까요?

A 주제 선정을 잘 하기 위해서는 평소에 업무를 하면서 느끼는 문제점을 항상 메모해 두는 습관이 필요합니다.

어느 날 갑자기 모여서 주제를 선정한다고 고민을 하다 보면 시간에 쫓겨 폭넓게 생각하기도 힘들고, 여러 분임조원이 모여서 해결해야 할 문제가 도출되지 않는 경우가 많습니다.

또한 주제를 선정할 때에는 고객의 요구 사항(클레임 내용, 앞 공정의 불편 사항, 윗사람의 지시 사항 등)에 초점을 맞추어 분임조원 모두가 1인 1건 이상 발언하도록 하는 것이 좋습니다.

이렇게 해서 예비 주제들이 모아지면 이번에 해결해야

할 가장 적합한 주제를 찾기 위하여 '시급성', '전원 참여도', '해결 가능성', '원가 절감 기여도', '회사 방침과의 연관성' 등을 평가 항목으로 하여 예비 주제와 이들 간의 연관성을 평가합니다.

이런 평가 방법을 QC 기법에서는 매트릭스도법(주로 'L형', 'T형' 사용)이라고 합니다.

Q53 효율적인 주제 선정 방법에 대해 알고 싶습니다.

A 회사 생활을 하다보면 누구나 많은 문제에 접하게 됩니다. 하지만 이를 해결한다는 것이 마음 같이 쉽게 되지는 않지요.

문제 해결이 쉽지 않은 이유 중의 하나가 바로 대부분의 사람들이 모든 문제를 한 번에 해결하려고 하는데 기인된다고 볼 수 있습니다.

눈에 보이는 모든 것이 문제이고 이를 모두 해결하고 싶겠지만, 모두 해결하려고 하다가 자칫 하나도 제대로 해결되지 못한다면 오히려 시도를 아니 한 것 보다 못한 경우를 초래할 수도 있습니다. 그렇기 때문에 모두 해결하려고 하는 것보다 가장 적합한 문제를 선정해 확실하게 해결하는 것이 중요합니다.

그럼 어떤 문제를 먼저 해결하는 것이 좋을까요?

그냥 아무런 검토 절차도 없이 테마를 정한다는 것이 그리 쉽지는 않은 일이지요. 그렇기 때문에 문제 해결을 위한 주제 선정 방법이 필요한 것입니다.

이 방법이란 우선 무엇을 해결하는 것이 좋은지를 효율적인 방법으로 평가한 후에 주제를 선정하는 것입니다.

우선 각자가 평소에 생각했던 문제점을 브레인스토밍을 통하여 얘기하고 정리를 합니다.

다음으로 정리된 문제점을 서로가 공유하고 무엇부터 해결하는 것이 좋은지를 검토해야 하는데 그냥 손을 들어 가장 거수가 많이 된 문제점을 금번 주제로 하여 해결하는 것도 하나의 방법이라고 볼 수 있지만, 좀 더 문제에 대해 상황을 논리적으로 검토를 하고 적절한 주제를 선정하기 위해서는 회사 측면이나 분임조 측면에서 관련되는 평가항목을 설정하여 하나하나의 평가 항목과 주제 간의 상관성을 비교한 후 가장 상관성이 높은 문제를 선정하는 것이 바람직한 방법입니다.

그럼 주제 선정 시 많이 사용하는 평가항목 및 평가 시 착안 사항을 다음 〈표〉와 같이 정리해 드리니 주제 선정 시 적용해 보면 좋은 효과가 있으리라 봅니다.

〈표〉 주제 선정 시 검토 사항

검토 항목	착안 사항	참고 자료	비 고
시급성	• 조속한 시일 내에 해결하지 않으면 회사(부서)에 중대한 손해를 끼치는가? • 고객의 불만이 크게 야기될 문제인가? • 신규 발생된 문제로 재발 방지 대책 수립이 필요하지 않은가?	• 클레임 자료 • 수입·중간·제품 검사 성적서 • 고객의 소리 (VOC)현황	• 검토 항목은 업종이나 회사 사정에 따라 가감할 수 있습니다. • 분임조 추진 방향(또는 회사의 추진 방향)에 따라 검토 항목에 가중치를 부여할 수 있습니다.
전원 참여도	• 각 분임조원의 업무와 직접적으로 관련이 있는가? • 일부 또는 특정 분임조원의 업무는 아닌가? • 분임조원이 모두 주제 해결과 관련된 지식을 가지고 있는가?	• 업무 분장표 • 작업 표준 • QC 공정도 • 제조 공정도 등	

검토 항목	착안 사항	참고 자료	비 고
해결 가능성	• 기술적으로 너무 난이도가 있지 않은가? • 기간이 너무 장기간 소요될 수 있지 않은가? • 타부서와의 적극적인 협조가 있어야 하지 않은가? • 너무 많은 비용이 소요되지 않는가?	• 과거 분임조 활동 회의록 • 회사 보유 기술 자료 • 신기술 현황 등	
기대 효과	• 유형 효과(금액)가 기대되는가? • 유형 효과에 대한 산출 근거를 확실히 제시할 수 있는가? • 원가 절감이 많이 발생하는가?	• BOM(Bill of Material) • 원단위 자료 • 계정 코드 • 임률 테이블 등	
방침과 연관성	• 회사가 지향하는 방향의 주제인가? • 대표이사가 방침으로 언급한 사항인가? • 부서장이 평소에 강조하고 있는 사항인가?	• 연도 대표이사 방침서 • 연도 부서장 방침서 • 신년사, 혁신 대회 기록 등	

Q54 현장에서 분임조원들이 주제 찾기가 어렵다고 아우성입니다. 주제를 쉽게 찾는 방법이 있는지요?

A 주제를 쉽게 찾기 위해서는 우선 문제 의식을 가져야 합니다. 즉 현장에서 이루어지는 모든 일에 대하여 현재가 최적의 상태인가를 한 번 정도 생각해 보는 것이 필요합니다.

대부분의 사람들을 보면 작업 시 그냥 무의식적인 반복만을 하는 경우가 많습니다. 이런 상황에서는 절대로 개선이란 있을 수 없습니다.

현장의 상태가 최적인가를 생각해 볼 때 기본적으로 착안해야 할 것이 '작업상에 무리가 없는가?', '불균형이 없는가?', '낭비 요소가 없는가?'의 3가지 요소입니다.

우선 무리란 '하기 어려운 것', '해서는 안 되는 것', '굳이 하는 것'이라고 할 수 있으며, 예를 들면 다음과 같은 것들이 무리란 현상의 사례입니다.
- 1톤의 화물을 운반하는데 0.5톤 차로 운반한다.
- 망치 대신에 스패너로 못을 박는다.
- 무거운 것을 운반차를 쓰지 않고 사람 힘으로 나른다.
- 표준 가공 조건을 무시하고 온도나 압력을 높인다.
- 품질을 무시하고 원료(자재)를 바꾼다.
- 생산 능력을 생각하지 않고 납기를 결정한다.

품질의 무리는 생산 수단의 질적 능력이 없는데 그 이상의 품질을 얻으려고 하는 데서 발생하며, 납기의 무리는 어느 기간 내의 양적 능력이 부족한데 납기를 지키려고 하는 것입니다. 이러한 무리는 불균형을 가져오고, 더 나아가서는 낭비의 원인이 됩니다.

불균형이란 작업 과정이나 결과가 일을 할 때마다 달라진다는 것입니다. 즉 제품(부품)의 품질 특성치에 산포가 많이 발생하거나 설비의 속도나 압력이 계속 변한다던가, 작업자마다 작업 방법이 동일하지 않은 것들을 의미합니다.

일반적으로 불균형을 파악하기 위하여 관리도나 히스토그램을 많이 사용합니다.

마지막으로 낭비란 재료나 시간을 헛되이 쓰는 것을 말

합니다.

한 번에 마칠 수 있는 동작을 2번에 한다거나, 부적합품이 너무 많이 발생한다거나, 라인 밸런스가 맞지 않아 대기 시간이 많이 발생하는 현상 등을 의미합니다.

지금까지 말씀 드린 3가지 요소를 중점적으로 관찰하면 현장의 문제점 찾기가 좀 더 용이할 것입니다.

Q55 신생 분임조의 경우 주제 선정을 할 때 여러 가지 선정 기법이 있지만, 기법을 습득한 분임조장이 없어 분임조 활동 첫 단계부터 막막합니다. 서로 얼굴만 멀뚱멀뚱 쳐다보다 회합을 끝내곤 합니다. 저희 같은 분임조는 어떻게 해야 할까요?

A 막막한 심정이 이해가 갑니다.

흔한 말로 '로마에 가면 로마법을 따르라'는 얘기가 있지만, 정작 로마법이 어떻게 되어 있는지를 모르는 사람에게는 따르고 싶어도 따를 수 없는 안타까움이 있게 됩니다. 귀 분임조가 마치 그와 같은 모습일 것으로 상상이 되네요.

분임조 활동에 있어서 로마법은 'QC 7가지 도구'와 'QC 스토리'입니다.

이를 모르고는 분임조 활동을 할 수가 없는 것입니다. 분임조 활동이란 그동안 분임조원 각자의 업무 경험에 의존한 개선만 가지고는 효과를 기대하기가 어렵습니다. 각자의 경험을 체계적으로 관리하고 분석할 수 있는 관리 기법을 접목시켜야 합니다.

주제 선정 기법을 간단히 말씀 드리면 우선 주변의 문제를 찾아내는데 몰두해야 합니다. 무엇이 문제인지 찾기가 어렵다면 문제의 정의부터 접근해야 합니다.

문제란 '기대치와 현실의 차이(gap)'로 정의할 수 있으며, 이를 좀 더 쉽게 표현하면 자신이 마음속으로 바라던 상태와 나타난 현실이 같지 않다면 문제라고 생각하면 됩니다. 업무적으로 표현하면 업무 목표와 실적 간의 차이가 문제가 된다고 볼 수 있지요. 이것을 모두 분임조 주제로 등록하면 됩니다.

회사에서 일반적으로 주어지는 목표는 다음과 같습니다.

① 품질(quality)에 대한 목표
② 가격(cost)에 대한 목표
③ 납기(delivery)에 대한 목표
④ 안전(safety)에 대한 목표
⑤ 사기(morale)에 대한 목표
⑥ 생산성(productivity)에 대한 목표

Q56 주제 선정의 경우 분임조원들이 채택한 주제와 경영진이 원하는 주제가 다를 경우의 조율 방법이 어렵습니다(경영진의 경우는 이익이 되는 수율에 영향을 미치는 공정 개선 프로그램 개선 주제를 원하고, 임직원의 경우는 작업하기 편리한 작업 개선에 관한 주제를 원함). 이럴 경우 어차피 경영진이 원하는 대로 주제가 결정되어 분임조원들이 적극적으로 참여하지 않는 경우가 빈번히 발생하는데, 어떻게 해야 할까요?

A 분임조 활동이란 분임조원들이 주변의 문제를 스스로 찾아내고 자주적으로 해결하는 활동이라는 것에 의의가 있습니다. 즉 조직의 명령 구조에 따라 수동적으로 움직이는 것이 아니라, 분임조원 모두가 주인 의식을 갖고 능동적으로 움직이는 것이지요. 그런데 귀사의 경우처럼 경영진이 활동 주제에 대하여 일일이 간섭을 하는 것은 결코 바람직한 모습은 아닙니다.

귀 분임조의 원활한 개선 활동을 위해 몇 가지 조언을 드립니다.

첫째, 주제 선정 시 평가 항목에 '수율'을 넣으세요.

주제 적합성 검토를 위해 L형, 또는 T형 매트릭스를 사용할 것이니, L형의 경우에는 '방침 관련성'이라는 평가 항목 대신에 '수율'을 사용하고, T형의 경우라면 '방침 관련성'을 '품질', '생산성', '원가' 등으로 세분화하여 사용하는 것이 일반적이니, 이 가운데서 '생산성' 항목을 '수율'로 대체하던지 기존의 항목과 대체는 없이 '수율'을 추가해도 될 것입니다.

둘째, 작업 개선과 수율을 연관지어 보세요.

분임조원들이 원하는 것이 작업 개선이라면 수율과 무관하지 않을 수 있습니다. 작업 방법이 개선됨으로써 부적합이 줄었다면 이 효과를 수율로 나타내 보는 것이지요. 수단은 작업 방법 개선이었지만 결과는 수율이 향상된 것이니 경영층과 분임조가 모두 만족할 수 있는 주제가 되는 것입니다.

셋째, 경영층과 대화의 시간을 가지세요.

시간을 정하여 분임조원과 경영층과 편하게 대화할 수 있는 자리를 마련하여 수율을 강조해야 하는 이유와 경영층의 의견을 들어보고, 한편으로는 작업 개선이 왜 필요한지를 경영층에게 이야기함으로써 서로의 입장을 이해할 수 있게 되고 그런 가운데 타협점도 나오게 됩니다.

Q57 7명의 분임조원이 각자 업무는 다르지만 한 분임조로 활동하고 있는데, 주제를 선정해 활동에 들어갔으나 어려움을 겪고 있습니다. 해결 방안이 있다면 알려 주십시오.

A 주제 선정 단계에서 좀 더 신중을 기했어야 합니다.

흔히들 주제 선정 단계에서 검토 항목을 형식적으로 또는 맹목적으로 실시하는 경우가 많은데, 금번 기회를 통하여 주제 선정 방법을 다시 한 번 고찰하는 기회가 되었으면 좋겠습니다.

활동 주제 선정 시 대부분의 분임조가 검토 항목을 '시급성', '방침 관련성', '해결 가능성', '기대 효과', '전원 참여도', '기타' 등을 무조건 적용합니다.

그러나 귀 분임조의 경우는 전원 참여도와 해결 가능성 두 가지 정도에 대해서만 검토 항목으로 하거나, 아니면 모든 적용 항목을 적용하되 전원 참여도에 가중치를 두 배 이상 주고 주제를 선정했어야 합니다.

다시 말씀 드리면, 다른 분임조 활동에 있어서도 주제 선정 시 검토 항목은 회사의 여건, 분임조의 능력, 당해 연도 회사 방침 등에 따라 검토 항목을 조정하는 것이 필요합니다.

필자가 업체 지도 시 항상 분임조원들에게 강조하는 것이 'QC 도구에 끌려 다니지 말고 실제 작업 도구처럼 활용하세요'라는 것입니다.

이렇게 되기 위해서는 당연히 도구의 사용법은 확실히 알아야겠지요.

Q58 분임조 회합 시간의 주제 선정 과정에서 유형 효과를 채택하지 않고 무형 효과를 주제로 선정한다면 (현장에서는 유형 효과 위주로 하고 있음), 과연 주제로는 적합하지 않을까요?

A 결론부터 말씀 드리면 무형 효과 주제도 분임조 활동 주제로 가능합니다.

그런데 한 가지 궁금한 것이 있습니다. 주제 선정 과정에서 그 주제가 유형 효과 주제인지 무형 효과 주제인지를 구분한다는 것이 이해가 되지 않습니다. 물론 제목을 '수단 + 목적'의 합성어로 서술하였을 때 목적을 보면 대략 추정은 해 볼 수가 있으나 주제명만 보고는 유형 효과 주제인지를 명확하게 파악하기는 어렵습니다.

즉 해당 주제에 대해서 활동을 해 보아야 그 결과를 보고 유형 효과가 나올 수 있는 것인지 무형 효과가 나올 수 있는지가 명확해지는 것입니다. 특히 대책 실시 내용을 보아야 그 활동 내용에 대한 결과가 유형 효과가 나올 수 있는 것인지가 분명해질 수 있지요.

더불어 기업체에서 활동한 많은 분임조 활동 내용들을 살펴보면, 유형 효과가 기대되는 내용임에도 불구하고 무형 효과로 정리하는 경우가 많이 발생하고 있습니다. 이는 유형 효과 산출 방법을 제대로 이해하지 못했거나 유형 효과 산출식이 복잡하다고 생각해 유형 효과를 아예 표현하지 않는 경우가 많습니다.

기본적으로 어떤 개선 활동을 완료하면 유형 효과가 발생하는 것은 당연한 것입니다. 단지 유형 효과의 산출 절차가 복잡하거나 유형 효과를 산출하였어도 그 수치에 대한 정확성이 많이 결여될 경우에는 무형 효과로 정리하는 것이 원칙입니다.

예를 들어 다음 〈표〉와 같은 것들은 기업체에서 활동한 결과를 무형 효과 정리한 사례인데, 이를 유형 효과화하는 방법에 대해 설명 드리겠습니다.

〈표〉 일반적인 무형 효과 표현들

기존의 무형 효과 유형	무형 효과를 유형 효과로 전환하기 위한 방법
생산성 향상	생산 증대 수량에 대한 추가 이익을 유형 효과화
작업 속도 향상	작업 속도 향상에 따른 작업 감소 시간을 산출해 유형 효과화
안전 사고 감소	안전 사고 한 건당 평균 소요액을 안전 사고 감소 건수에 적용하여 유형 효과화
소모품 절약	소모품 구입액 감소를 유형 효과화
폐기 비용 절감	폐기된 부품의 제조 원가를 폐기 감소 수량에 반영하여 유형 효과화
자주 점검 포인트 감소	점검 포인트당 평균 소요시간을 산출하여 점검 포인트 감소 수만큼을 유형 효과화
제조 경비 감소	전력비, 물 사용비(수도료), 가스 사용비, 도서 인쇄비 등의 감소 금액을 적용하거나 이러한 비용들을 알기 어려울 때에는 재무 부서에 제품별 제조 원가 경비율을 송부받아 유형 효과에 적용
대기 시간 감소	대기 시간에 해당하는 임률을 적용하여 유형 효과를 산출

Q59 분임조 활동 시 테마 진행이 어려울 때 진행 중인 테마를 중단하고 새로운 테마를 진행하게 되는데, 이런 경우 진행을 효과적으로 또 원활하게 하는 방법은 없을까요?

A 우선은 주제 선정 방법에 문제가 있는 것 같군요.

어느 단계까지 진행되다가 중단되었는지 모르겠지만, 아마 주제를 선정하는데 있어서 너무 욕심을 부린 것이 아닐런지요? 이런 경우를 당하는 대부분의 분임조는 주제 선정 시 요모조모 상세히 따져보지 않고 의욕만 앞선 채 분임조 활동에 들어간 경우가 많습니다.

이를 방지하기 위하여 분임조 활동의 주제 선정 단계에서는 제출된 예비 주제에 대하여 그냥 직관적으로 주제를 채택하게 하는 것이 아니라, 검토 항목을 설정하여 좀 더 신중하고 논리적으로 주제를 선정하게 함으로써 중도에 포기할 확률을 적게 하고 있습니다.

귀 분임조의 경우는 주제 선정 시 평가 항목중 특히 '해결 가능성' 항목에 가중치를 좀 더 높게 부여하여 확실히 해결할 수 있는 주제를 사전에 선택하는 것이 바람직할 수 있습니다.

또한 현재 진행이 중단된 주제에 대하여는 원인 분석 단계를 다시 한 번 실시해 보거나, 기존에 실시된 원인 분석 내용 중 주요 요인에 대하여 해결 가능하다고 생각되는 요인만을 선정하여 다시 활동을 진행해 보기를 권장합니다.

Q60 개선 활동을 진행하면서 가장 처음 문제되는 것이 '주제 선정 사유'입니다. 어떻게 해야 모두가 납득하는 주제 선정 사유가 될까요?

A '주제 선정 사유'라는 것은 한마디로 주제 선정 평가 시 그 중요성이 부각되지 않은 사항을 보충하는 항목입니다.

일반적으로 주제 선정 평가 시 예비 주제들에 대하여 '해결 가능성', '회사 방침과 연관성', '전원 참여도', '시급성', '기대 효과' 등을 가지고 예비 주제들과 평가 항목 간의 연관 정도를 평가하여 연관성이 가장 높은 예비 주제를 확정 주제로 선정합니다.

따라서 어떤 주제가 선정되었을 경우에 평가 항목에는 나타나지 않았지만 부가적으로 그 주제가 중요하다는 것을 보충하기 위하여 '주제 선정 동기'를 활용합니다. 예를 들어 채택된 주제가 제조물책임법, 클레임 감소, 원자재 가격 하락, 기업 이미지 상승 등과 관련하여 큰 효과가 있다면 이에 해당하는 이유를 정성적인 문장이나 도표(또는 그래프)를 사용하여 보충함으로써, 제3자가 보기에도 당연히 이것이 주제가 되는 것이 타당하다고 느끼게 하는 것입니다.

Q61 활동 수립 단계에서 나타내야 할 사항들은 어떤 것이 있으며, 어떤 점에 유의하여 작성해야 하는지요?

A 우선적으로 앞으로 진행될 단계와 기간이 나와야겠지요. 이것 이외에 나타낼 수 있는 사항으로는 단계별 담당자, 활용 기법, 단계별 구분 등을 추가할 수 있습니다.

각 항목별로 작성 방법이나 유의 사항을 정리해 보면 다음 〈표〉와 같습니다.

〈표〉 활동 수립 단계 작성 방법

구 분	내 용	유의 사항
단계명	• 현상 파악 • 원인 분석 • 목표 설정 • 대책 수립 및 실시 • 효과 파악	

구분	내 용	유의 사항
	• 표준화 • 사후 관리 • 반성 및 향후 계획	
일정	• 추진 단계별로 구분하여 목표는 점선, 실적은 실선으로 표기 • 주 단위, 월 단위로 표기 • 간트차트 사용	• 일정 구분의 원칙은 회합 간격이 되어야 한다.
단계별 추진 담당자	• 전원이 참여해야 하는지, 1명 또는 2명 정도가 실시해도 되는지를 표기	• 전원이 반드시 참여해야 할 단계 : 원인 분석 / 대책 수립 및 실시 / 반성 및 향후 계획
활용 기법	• 해당 단계에서 활용 예정인 QC 기법 (주로 QC 7가지 도구나 신QC 7가지 도구)을 기술	
활동 기간	• 계획 : 년 월 일 ~ 년 월 일 • 실시 : 년 월 일 ~ 년 월 일	
단계 구분	• P(계획) → D(실시) → C(확인) → A(조치) 단계로 구분	

Q62 활동 계획 수립 단계는 거의 형식적으로 운영되는데 꼭 실시해야 하나요? 실시해야 한다면 그 이유를 알려 주세요.

A 필자가 현장에 분임조 지도를 실시한 경험으로도 귀하가 말씀한 것처럼 대부분의 분임조가 활동 계획 수립 단계에 대하여 의미를 두고 있지 않고 있는 실정입니다.

'분임조 활동 10단계' 중에서 중요도에 우선 순위를 굳이 부여해 본다면 아마도 '중하' 정도가 아닐까 하고 생각하고 있습니다.

하지만 활동 계획 수립 단계의 필요성을 대부분의 분임조가 모르고 있기 때문에 더욱 형식적으로 진행되고 있는 것도 사실입니다.

활동 계획 수립 단계의 목적 및 활용 방안을 말씀 드리면 다음과 같습니다.

우선 목적은

첫째, 전체 활동 기간을 예측하여 무리가 없는지 검토합니다.

둘째, 각 단계 진행 시마다 실시 인정을 관리함으로써 전체 일정이 지연되는 것을 사전에 방지합니다.

셋째, 분임조원의 일정 관리 능력을 배양합니다.

다음으로 활용 측면으로는

첫째, 좁게는 분임조별, 넓게는 그 회사의 주제 해결 기간을 산출합니다.

둘째, 연간 주제 해결 목표 건수 설정 근거로 사용합니다.

셋째, 그 회사 실정에 맞는 각 단계별 적정 활동 기간을 제시합니다.

Q63 분임조 활동에서 활동 계획 수립 단계를 왜 해야 하는지, 무엇을 어떻게 해야 하는지 구체적으로 알려 주세요.

A QC 스토리 10단계 중 이 단계를 가장 소홀히 다루는 경우가 많습니다. 하지만 분임조 활동의 진정한 의미를 알고 소기의 성과를 도출하기 위해서는 활동 계획 수립 단계의 의미를 분임조 측면과 추진사무국 측면에서 살펴볼 필요가 있습니다.

분임조 측면에서는

첫째, 전체 활동 기간을 예측하여 무리가 있는지 없는지 여부를 확인할 수 있습니다. 아무리 좋은 활동이라도 6개월 이상 장기적으로 추진하는 것은 자주 개선 활동의 의미를 퇴색시킬 수 있기 때문입니다.

둘째, 각 단계를 진행하고 나서 실행 일정을 기입함으로써 전체 일정이 지연되는 것을 사전에 방지할 수 있습니다. 대부분의 분임조들이 주제 완료 후 발표 원고를 작성할 때, 역으로 추진 일정을 짜맞추는데 이렇게 하기 때문에 활동 계획 수립 단계의 의미가 퇴색되는 것입니다.

셋째, 분임조의 일정 관리 능력을 배양할 수 있습니다.

추진사무국 측면에서는

첫째, 회사의 평균 주제 해결 소요 시간을 산출할 수 있습니다.

둘째, 연도 분임조 활동 목표 수립 시, 분임조당 주제 해결 건수 설정 근거로 활용할 수 있습니다. 전체 분임조들의 1건당 주제 해결 시간이 6개월 정도 소요되고 있다면 연도 목표를 2건이나 3건으로 설정하는 것이 타당한 것이지요.

셋째, 활동 단계별 소요 기간을 산출해 지도 자료로 활용합니다.

분임조 활동 중 계획한 것보다 일정이 많이 지연되고 있는 단계가 있다면, 이에 대해서는 교육·훈련이나 OJT 등을 통해 해당 단계의 추진 능력을 향상시킬 수 있습니다.

Q64 분임조 활동 기간은 몇 개월이 적당한가요?

A 분임조 활동 기간이 어느 정도가 적정한 것인가에 대해서는 그 회사 업종의 특성이나 분임조원들의 문제 해결 능력, 경영자나 임원진의 방침, 과거 주제 해결 소요 기간 등을 고려하여 주관 부문에서 정하는 것이 타당하다고 생각됩니다.

대부분의 기업들이 빠른 성과 측정을 위하여 분임조 활동 기간에 대한 목표를 너무 짧게 잡은 탓에 실질적인 활동이 되지 못하고 형식적으로 끝내야 하는 경우도 있습니다.

개선 주제에 대한 활동 기간이 짧다고 하여 반드시 그 회사 분임조 활동 수준이 높다고 할 수는 없으며, 회사의 각종 여건을 고려하지 않은 주제 해결 기간은 오히려 분임조 활동의 질적 저하를 초래할 수도 있습니다.

필자가 권고하는 주제 해결 기간에 대한 가장 적절한 방법은 과거 그 회사의 주제 해결 기간을 우선 참고로 하여 목표를 정하고, 여러 분임조들의 활동 상황도 살펴가면서 주제 해결 기간을 차차 단축하는 것이 좋은 방법입니다.

만약 분임조 활동을 처음 시작하는 회사라면 동종 업계의 분임조 활동을 벤치마킹하여 자사의 목표를 설정하는 것도 좋습니다.

국내 기업체들이 1개의 주제 해결을 위해 주어지는 분임조 활동 기간은 3~4개월 정도가 가장 많습니다.

> **Q65** 활동 계획 수립 단계에서 각 단계별 실시 기간을 어느 정도로 잡아야 하는지 궁금합니다.

이 시점에서 앞으로 추진해야 할 단계는 총 8단계입니다

우선 8단계를 나열해 놓고 각 단계별로 해야 할 일이 무엇인지를 정의하고, 정의된 일을 수행하는데 필요한 기간을 예상해야 합니다.

물론 어디까지나 계획이기 때문에 100% 그대로 실행되지 않을 수도 있으나, 계획 대비 실적 일정의 차이를 최소화하기 위해서는 과거 자기 분임조의 분임조 활동 일정을 참고하면 일정 적중률이 높아질 수 있습니다.

또한 금번에 선정된 주제의 특성을 검토해 보면 어느 단계에서 과거 보다 일정이 많이 소요될지도 판단할 수 있습니다.

예를 들어 조사해야 할 데이터에 대한 수집 상태가 가 전무한 상태라면 현상 파악 기간을 좀 더 길게 잡아야 하고, 타부서의 협조가 많아야 할 사항이면 대책 수립 및 실시 기간을 좀 더 길게 잡아야 합니다.

각 단계별 일정 수립을 위하여 검토해야 할 사항 및 일정 산출 방법을 정리 해 보면 다음 〈표〉와 같습니다.

〈표〉 활동 계획 수립 단계별 검토 내용

단 계	검토 내용	소요 예상 회합수	누적 회합수	실시 시기
현상 파악	• 조사해야 할 데이터가 이미 관리되고 있는가? • 데이터 수집은 용이한가? • 데이터 발생 주기(시간, 일, 주, 월 등)는 어떤가?	( )회	( )회	( )년 ( )월
원인 분석	• 처음으로 발생한 문제인가? • 전문가의 도움이 필요한가? • 유사 개선 자료는 있는가?	( )회	( )회	( )년 ( )월
목표 설정	• 이미 제시된 목표가 있는가? • 목표 설정 근거 도출이 용이한가?	( )회	( )회	( )년 ( )월
대책 수립 및 실시	• 분임조 인원은 충분한가? • 모든 인원이 수행하는 업무인가? • 생산이나 업무가 바쁜 시기인가?	( )회	( )회	( )년 ( )월

단계	검토 내용	소요 예상 회합수	누적 회합수	실시 시기
효과 파악	• 조사해야 할 데이터가 이미 관리되고 있는가? • 데이터 수집은 용이한가? • 데이터 발생 주기(시간, 일, 주, 월 등)는 어떤가? • 원가 지식은 있는가? • 부품 가격, S/T, 임률, 생산량 등의 데이터는 있는가?	( )회	( )회	( )년 ( )월
표준화	• 사내 표준은 있는가? • 표준 제·개정 기간은 평균 어느 정도인가?	( )회	( )회	( )년 ( )월
사후 관리	• 조사해야 할 데이터가 이미 관리되고 있는가? • 데이터 수집은 용이한가? • 데이터 발생 주기(시간, 일, 주, 월 등)는 어떤가? • 관리도를 사용해야 하는가? • 체크시트를 사용해야 하는가?	( )회	( )회	( )년 ( )월
반성 및 향후 계획	• 각 단계별 반성을 실시할 것인가? • 미흡했던 점에 대한 개선 대책도 수립할 것인가?	( )회	( )회	( )년 ( )월

Q66 현상 파악을 효과적으로 할 수 있는 방법에 대해 알려 주세요.

A 현상 파악이란 문제 또는 개선하고자 하는 현상을 정량적으로 파악하여 현재의 상태를 정확하게 파악하는 것입니다.

현상 파악을 효율적으로 수행하기 위한 포인트를 몇 가지 말씀 드리면 다음과 같습니다.

첫째, 모든 상황을 정량화해야 합니다.

부적합이 문제라면 부적합품률로, 생산량이 문제라면 생산 대수 등으로 표현해야 합니다. 단지 사무 간접 부문 활동에서는 수치화 하는데 다소 힘든 경우도 있지만, 고민해 보면 모든 현상은 수치화가 가능합니다.

둘째, 여러 각도에서 층별을 실시하여 데이터를 정리합니다.

작업자별, 남녀별, 경력별, 제조 설비별, 검사 설비별, 원료별, 부품별, 작업 조건별, 일자별, 시간대별 등으로 층별을 실시한 후 층간에 많은 차이가 발생하는 경우를 현상 파악 데이터로 사용하는 것이 좋습니다.

셋째, 데이터 조사 기간이 현상을 대표할 수 있는 기간인가를 판단해야 합니다.

다시 말하여 현상 파악 데이터는 4M의 변화가 충분히 반영되어야 한다는 것입니다. 예를 들어 주 단위로 교대 작업을 하는 경우 작업자 간의 변화를 보기 위해서는 최소한 2주간의 데이터를 조사해야 한다는 것이지요.

넷째, 사실에 의거한 데이터를 수집합니다.

'3현원칙(現場·現物·現狀)'에 의거하여 정확한 데이터를 수집해야 합니다.

다섯째, 데이터 수집 근거를 명시합니다.

향후 개선이 되었을 때 개선 전과 동일한 조건으로 효과를 파악하는 것이 원칙이므로 현상 파악 시의 조건(5W1H)을 사전에 기록하여 두는 것이 좋습니다.

Q67 품질 분임조 활동에 있어서의 현상 파악 기법과 현상 파악 후 개선 기법을 알고 싶습니다.

A 현상 파악이란 개선하고 싶은 항목에 대한 상태가 현재 어떠한지를 파악하는 것으로, 분임조 활동에서는 파레토도가 가장 대표적으로 사용되고 있습니다.

이외에도 많은 기법을 사용할 수 있으나, 사용 효과나 난이도가 높아 많이 활용되고 있지는 않은 실정입니다. 특히 6시그마에서는 프로세스 매핑, SIPOC (Supplier, Input, Process, Output, Customer), COPQ(Cost of Poor Quality) 등 많은 기법을 활용하기도 합니다.

개선 방법으로는 주요 원인에 대한 대책을 계통도를 사용하여 평가(기술성, 경제성, 작업성 등)하며, 채택된 개선안에 대하여는 관리 사이클을 사용하여 실제적인 개선 활동을 진행합니다.

물론 6시그마에서는 상관 분석, 회귀 분석, 검정, 추정, 실험 계획법, 분산 분석 등 더욱 다양한 방법을 활용하고 있습니다.

여기서는 일반 분임조 활동에서 많이 활용되는 기법을 다음 〈표〉에 제시하오니 참고하시기 바랍니다.

〈표〉 현상 파악 및 개선 활동 기법

구분	주 사용 기법		활용 방법
현상 파악	파레토도		조사 항목 중 어느 것이 가장 큰 문제인지를 파악하여 우선적으로 개선해야 할 항목을 설정
	그래프		조사 항목의 시계열적인 추이를 파악(꺾은선그래프)
	관리도		조사 항목의 시계열적인 추이를 파악 및 관리 상한과 하한을 통하여 문제점이 되는 사항을 쉽게 파악
	히스토그램		조사 항목(계량치 데이터)에 대한 평균치 및 산포를 파악
개선 방법	계통도법		원인 분석 후 주요 원인에 대한 개선 방안을 목적과 수단 방식으로 전개
	관리 사이클	계획 (Plan)	채택된 개선안에 대한 구체적인 실행 계획을 수립
		실시(Do)	계획된 실행 계획을 실시
		확인 (Check)	개선안 실행 후 개선 전과 개선 후의 효과를 비교
		조치 (Action)	개선안의 효과가 확실할 때 표준화를 하거나 효과가 미흡하면 새로운 개선안을 도출

Q68 현상 파악 시 QC 기법의 적용 방법과 적용시킬 때의 주의 사항을 알고 싶습니다.

 현상 파악 시 가장 많이 사용하는 QC 기법은 파레토도입니다.

파레토도는 현재 문제가 되는 사항에 대한 빈도나 비중을 수치화하여 보여주기 때문에 문제의 심각성 정도를 쉽게 파악할 수 있는 장점이 있습니다.

하지만 이를 적용하기 위해서는 사전에 체크시트를 사용하여 현장에서 발생되는 모든 데이터가 기록되어 있거나 그렇지 않을 경우에는 별도의 기간을 설정하여 조사를 실시해야 합니다.

이 데이터를 근거로 하여 파레토도로 도식화하면 다수경징 항목(多數輕徵項目)과 소수 중점 항목(小數重點項目)이 나타나게 될 것입니다.

이를 통하여 우리는 문제 해결의 우선 순위를 정할 수 있게 되는 것입니다.

파레토도를 적용할 때 주의해야 할 사항을 몇 가지 말씀드리면 다음과 같습니다.

첫째, 작성 목적을 분명히 해야 합니다.

부적합 건수를 줄이고 싶다면 부적합 발생 건수에 대한 파레토도를 작성해야 하며, 부적합 금액을 줄이고 싶다면 부적합 발생으로 인하여 발생되는 손실 금액에 대한 파레토도를 작성해야 합니다.

둘째, 층간에 차이가 발생할 수 있도록 층별을 실시해야 합니다.

예를 들어 부적합 유형별로 도식화하였을 때 발생 건수가 모두 비슷하다면, 재료별, 작업자별, 라인별, 설비별 등으로 다시 층별하여 층간에 차이가 나타나도록 파레토도를 작성하는 것이 좋습니다.

셋째, 전체를 대변할 수 있는 조사 기간이 설정되어야 합니다.

특정 시간, 특정 일, 특정 설비, 특정 작업자 등에 의하여 데이터 산포가 발생될 소지가 있다면 그런 변수에 의한 산포가 모두 포함될 수 있는 기간을 설정해야 합니다.

Q69 주제 해결 시 현상 파악을 얼마 동안 하는 것이 좋을까요? 또 효과 파악의 가장 적정한 기간도 알고 싶습니다.

A 회사의 생산 품목 또는 주제의 내용에 따라 조정되어야 합니다.

조정의 의미는 현상 파악 기간이 현재의 상태를 대변(대표)할 수 있는 기간인가?, 통계적 분석을 할 경우 데이터의 크기는 적당한가? 등, 예를 들어 현상 파악 데이터로 히스토그램 분석을 하기 위하여는 최소한 50개 이상의 데이터가 수집되어야 합니다.

일반적인 경우로 말씀 드리면 현상 파악 기간은 1개월 정도가 좋습니다. 또한 효과 파악 기간은 현상 파악 기간과 동일하게 해야 합니다.

또한 현상 파악 시의 '담당자', '체크시트', '계측 장비', '제조 설비' 등도 현상 파악 시와 동일한 조건으로 하면 더욱 훌륭한 효과 파악이 될 수 있습니다.

Q70

현상 파악 시 파레토도에 나타난 주요 항목은 누계 비율로 얼마까지를 보편적으로 적용합니까? 또한 조사한 각 항목의 비율이 비슷하여 주요 항목이 많을 경우 어떻게 분석합니까? 누계 비율 80%까지 원인이 5개라면 5개 모두에 대해 원인 분석을 해야 합니까?

A 파레토도는 주란(Juran) 박사가 이탈리아 경제학자 파레토(Alfred Pareto)가 제시한 파레토의 법칙(소득 분포 불평등 정도에 관한 법칙으로 1896~1897년에 제시됨) 원리를 품질 관리의 부적합 항목 관리에 적용한 것입니다. 즉, 경제학 측면에서 개인의 부(富)가 일부 소수에게 편중되어 있는 것과 같이, 현장에서 부적합을 발생시키는 요인도 여러 요인 중 핵심적인 20%의 요인이 전체 부적합의 80%를 점유하고 있다는 것입니다. 따라서 누계 비율 70~80% 정도의 항목을 개선 대상으로 하여 중점 관리 항목으로 선정하는 것이 일반적입니다.

즉 파레토도는 다음 〈그림〉과 같이 다수 경징 항목(多數 經徵項目 : 문제가 적은, 많은 항목)보다 소수 중점 항목(小

〈그림〉 파레토도 기본 사상

數重點項目 : 문제가 큰 소수의 중점 항목)을 택해 이를 우선적으로 해결한다는 의미를 갖는 기법입니다.

그런데 귀하의 질문을 보니 조사한 분류 항목들의 발생 빈도가 비슷하여 우선 순위 5위까지의 항목을 누적한 점유율값이 80%이군요

그렇다면 5개 모두에 대해 특성요인도를 사용하여 원인 분석을 실시하거나, 특성요인도 작성 개수가 너무 많아져 번거롭다면 5개 항목을 1개의 연관도 안에 넣어 작성해야 합니다. 그렇게 하더라도 매우 복잡한 형태의 연관도가 작성될 것입니다.

하지만 이런 경우에는 특성요인도나 연관도를 고민하기 전에 우선적으로 생각해야 할 중요한 점이 있습니다. 바로

현재의 데이터를 다른 관점에서 보는 것이 필요합니다. 5개의 항목이 모두 크기가 비슷하다는 의미는 '층별'이 미흡하게 실시되었다는 의미가 강합니다.

파레토도가 개선 활동에서 의미를 갖게 되는 이유는 바로 조사 항목 간에 발생 빈도의 차이가 있다는 것을 착안한 것입니다. 즉 발생 빈도가 큰 소수의 항목만을 개선하더라도 그 개선 효과는 매우 커진다는 사고인데, 각 항목의 발생 빈도가 거의 비슷할 경우에는 파레토 기법을 활용해야 아무런 효과가 나타나질 않습니다.

우선 귀하가 수집한 데이터가 질문과 같다면 층별 방향을 다르게 하여 데이터를 다시 분류해 보세요. 과거 데이터가 원인별로 항목을 층별한 것이라면 증상별, 호기별, 재료별, 작업 방법별, 작업 시간대별, 작업자별 등의 새로운 층별 분류 기준을 적용하여 데이터를 조사한 후, 각 항목 간(층간)에 차이가 가장 큰 것에 대해 파레토도를 작성한 후 70~80%의 누적 점유율 항목을 중점 개선 대상으로 관리하는 것이 정석입니다.

Q71 개선할 때 현상 파악 및 원인 분석 시 사용되는 QC 기법을 알려 주세요.

A 현상 파악에서는 현재 개선하고자 하는 문제점에 대한 실태를 파악하기 위한 것으로 가장 많이 사용되는 것이 파레토도입니다.

파레토도란 데이터를 크기순으로 나열하여 가장 큰 문제를 우선적으로 해결하기 위하여 사용합니다. 일반적인 파레토도는 다음 〈그림〉과 같습니다.

다음으로 많이 사용할 수 있는 것은 관리도입니다.

관리도란 공정의 상태를 나타내는 특성치에 관해서 그려진 그래프로서, 공정을 관리 상태(안정 상태)로 유지하고 현재의 공정 상태를 현상 파악하기 위하여 사용합니다. 관리도는 여러 종류가 있으며 용도에 맞는 관리도를 선택하여 사용해야 합니다.

원인 분석이란 현재의 문제점을 발생시키는 요인들을 찾는 것으로 특성요인도나 연관도가 주로 사용됩니다.

2가지 기법 모두가 원인을 찾아내는데 사용되지만, 원인과 결과 간에 단순한 관계가 있을 경우에는 특성요인도가 사용되며, 원인과 결과 간의 상호 관계가 복잡하게 얽혀 있을 경우에는 연관도를 사용하는 것이 바람직합니다.

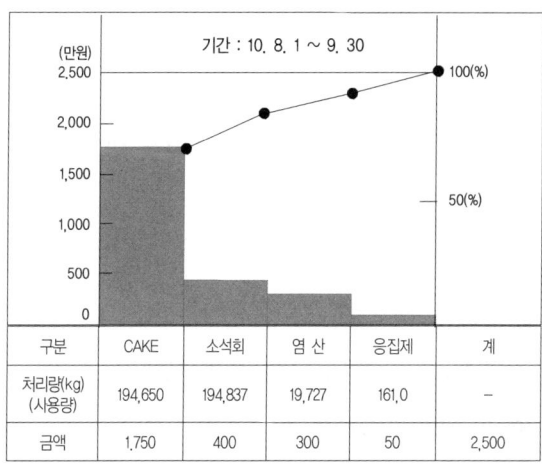

〈그림〉 파레도도 사용 사례

Q72 문제 해결 단계 중 원인 분석 추진 방법에 대해 자세히 알려 주십시오.

A 원인 분석 단계에서는 현재 발생되고 있는 현상에 기인되는 추정 요인들을 모두 도출함으로써 향후 목표 설정 및 대책 수립의 근거 자료를 만들어 내는 단계입니다.

이 단계의 추진 방법을 설명 드리면 다음과 같습니다.

첫째, 각자가 생각하는 추정 요인을 모두 도출합니다.

반드시 분임조원 전원 참여 아래 브레인스토밍을 실시하여 조금이라도 요인이 될 수 있는 사항은 모두 찾아냅니다.

둘째, 도출된 요인들을 그루핑(grouping)합니다.

성질이 같은 요인끼리 묶는 작업으로 일반적으로 직접생산 부문에서는 4M이나 5M1E(Man, Machine, Material,

Method, Measurement, Environment)를 사용하면 무난하지만, 사무 간접 부문에서는 내용에 따라 다양한 형태의 그루핑이 만들어질 수 있습니다.

셋째, 각 요인 간에 상하 관계를 연결합니다.

각 그룹 내에 있는 요인들 간에 상하 관계(1차, 2차, 3차, ..., n차 요인)를 연결하되, 때에 따라서는 상하 연결을 위하여 중간 단계의 요인을 추가로 도출해야하는 경우도 발생합니다.

넷째, 각 요인 간에 상관 관계를 검토합니다.

한 개의 요인이 다른 그룹 내의 요인에게 영향을 미치는 경우가 많이 발생할 때에는 특성요인도보다 연관도를 사용하여 요인을 정리해야 합니다.

다섯째, 주요 요인을 표기합니다.

각 요인들이 결과(특성치)에 미치는 영향 정도를 파악하여, 영향을 크게 미치는 요인들을 선정합니다. 주요 요인은 우선적으로 개선해야 할 요인으로 너무 많이 선정하면 실행이 어려울 수도 있습니다.

여섯째, 주요 요인을 계통도를 사용하여 정리합니다.

주요 요인을 다시 계통도를 사용하여 별도로 정리하는

그 이유는, 많은 요인들이 브레인스토밍을 통하여 도출되었으나 영향도가 큰 요인을 한눈에 보기 쉽게 다시 정리하기 위함이며, 부가적으로는 특성요인도나 연관도에서는 요인을 긴 문장을 사용하여 구체적으로 표현할 수 없으므로 이를 보완하기 위함입니다.

> **Q73** 원인 분석 시 중요 요인을 선정함에 있어서 다수를 따르면 실제 중요한 요인을 간과할 수 있고, 경험자에 따르면 경험자의 잘못된 오류가 전체 활동에 반영이 될 것 같은데, 적절한 절충 방법이 없는지 궁금합니다.

A 원인 분석에 대하여 너무 복잡하게 고민을 하고 있는 것 같습니다.

원인 분석이란 문제점을 발생시키는 요인에 대하여 각 분임조원 간의 이론적 지식과 경험을 근거로 다양하게 도출한 후 서로가 공감하는 주요 요인을 합의하면 됩니다.

이 과정에서 귀사의 경우에는 우선 많은 요인을 도출하는 것이 중요합니다. 이 경우에는 경험자도 좋지만 모든 분임조원이 생각하는 각종 요인을 서슴없이 발표하게 하여 가능한 많은 요인을 도출하는 것이 무엇보다 중요합니다. 즉 양에서 질을 구하는 브레인스토밍이 필요한 것이지요.

브레인스토밍이 성공한 이유는 다수의 요인을 추출해 봄으로써 우리가 미처 생각하지 못했던 중요 요인을 찾아내는데 성공했기 때문입니다. 우선 다수 요인이 추출되었다고 생각하면, 다음에는 공정이나 제품에 경험이 많은 사람의 의견을 우선으로 하여 문제점에 영향을 미치는 정도를 판단하게 하면 좋습니다. 아무래도 초보자보다는 각종 요인에 대한 영향이나 중요도는 경험자가 정확할 수 있기 때문입니다.

즉 요약하여 정리해 말씀 드리면 우선 초보자와 경험자를 구분하지 말고 각자가 생각하는 요인을 도출한 후 마지막으로 중요 요인 선정 시에는 경험자의 의견을 좀 더 중시하여 원인 분석을 하는 것이 좋은 방법입니다.

Q74 저희 회사 경우 특성요인도 이후에 요인계통도를 작성했는데 특성요인도의 주요 요인을 한 번 더 추려내기 위해 요인계통도를 작성합니다. 이렇게 작성했을 때의 문제점과 추려내기 위한 또 다른 적합한 기법이 있는지 궁금합니다.

A 어느 정도 수준에 도달한 많은 분임조들이 생각할 수 있는 문제라고 보여집니다.

원인 분석 단계에서 특성요인도나 연관도를 사용하여 원인을 도출한 후 개선 활동을 하는데 있어서 모든 원인을 제거하기는 어려우므로, 도출된 많은 요인 중 주요(중요) 요인만을 선별하는 것이 원인 분석 절차입니다.

하지만 귀 분임조처럼 원인 분석 시 나타난 모든 요인을 요인계통도로 작성한 후 다시 여기서 주요 요인을 선정하는 것은 바람직하지 못합니다.

왜냐하면 주요 요인은 특성요인도에서 나타난 여러 요인들을 보고, 분임조원들이 합의하는 주요 요인 몇 개를 이미 추려내어 특성요인도에 점선, 동그라미 표시나 해칭하여 별도 표기를 하였는데, 이를 무시하고 다시 모든 요인에 대해 요인계통도를 작성한 후 중요도를 평가하여 주요 요인을 선정한다는 것은 효율적이지 못하기 때문입니다.

주요 요인 계통도란 것은 특성요인도에서 선정한 주요 요인을 재정리하여 한눈에 보기 쉽도록 정리하려는 목적이 강합니다. 즉 특성요인도에서는 요인에 대한 표기를 '주어+동사'로 간결하게 표현할 수밖에 없었기 때문에(너무 길게 표현하다 보면 특성요인도 작성이 어려움), 주요 요인에 대해서는 '주어+동사+목적어+보어' 등을 문장 길이에 제한 없이 자유롭게 표현함으로써 좀 더 자세히 요인의 상황을 나타내는데 그 목적이 있는 것입니다.

따라서 귀 분임조의 요인계통도 사용 방법은 다시 한번 재고할 필요가 있습니다.

필자가 지도 시 사용하는 주요 요인 도출 방법을 한 가지 소개해 드리니 참고하시기 바랍니다.

첫째, 특성요인도(또는 연관도)를 작성합니다.

주요 요인에 대한 표기는 아직 하지 않습니다.

둘째, 도출된 요인들을 보고 예비 주요 요인을 선정합니다.

예비 주요 요인은 분임조원들의 합의에 의해 결정합니다.

셋째, 예비 주요 요인을 대상으로 주요 요인을 선정합니다.

주요 요인은 매트릭스도법을 활용하여 분임조원들의 투표에 의해 다음 〈표〉와 같이 실시하는 것이 바람직합니다.

〈표〉 주요 요인 선정 매트릭스 사례

NO	발의자	예비 주요 요인	평가 항목			평점	판정
			기여도	상관성	재현성		
1	이순신	온도 변화가 심하다.	◉	◉	◉	15	채택
2	홍길동	주기적인 점검이 소홀하다.	◉	○	△	9	불채택
.	.	.	.	.	.	.	.
n	강감찬	강도가 낮다.	◉	○	◉	13	채택

※ 주요 요인 선정 기준은 사전에 분임조에서 만들어 놓아야 한다.

넷째, 선정된 주요 요인에 대해 주요 요인계통도를 사용해 정리합니다.

Q75 특성요인도에서 여러 가지 많은 원인을 찾았는데 계통도에 그릴 때 다 적어야 하는지요? 또한 어떤 기준으로 우선순위를 정해서 계통도로 그려야 할까요? 그리고 특성요인도에서 큰 가시와 작은 가시를 그릴 때 원인을 얼마나 간략하게 써야 할지도 특성요인도 작성할 때마다 헷갈립니다.

A 질문 내용은 많은 분임조에서 자주 오류를 범하는 사항이기도 합니다.

우선 특성요인도에서 계통도를 작성하는 이유를 알아야 합니다.

특성요인도란 말 그대로 결과에 미칠 것이라고 생각되는 요인을 도출하여 도식화한 것이며, 결과에 미치는 영향이 적던 많던 간에 관계없이 모든 요인을 찾아내는데 그 의미가 있습니다.

또한 도출된 모든 요인을 한 번에 제거(또는 감소)하기는 어려울 수밖에 없게 됩니다. 따라서 향후 개선을 위해서는 요인들 간에도 그 요인의 영향도를 생각해 결과에 많은 영향을 미치는 요인부터 개선하는 것이 필요하게 되지요. 그래서 분임조원들의 중지(衆智)를 모아 주요 요인을 선정한 후 주요 요인만을 한눈에 쉽게 알아 볼 수 있도록 재정리를 하는 것이 필요한데 이때에 계통도를 사용하면 편리합니다.

따라서 계통도에는 선택된 주요 요인만을 정리해야 그 의미가 있습니다. 필자가 예를 들어 다음 〈그림〉에 도식화해 보았으니 참고하시기 바랍니다.

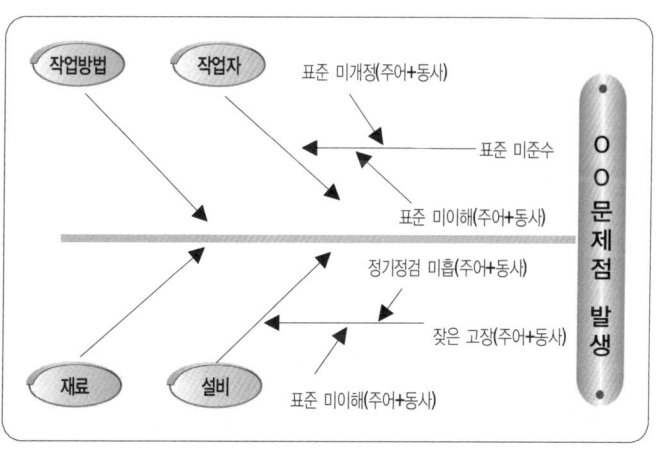

〈그림 1〉 특성요인도 작성 사례

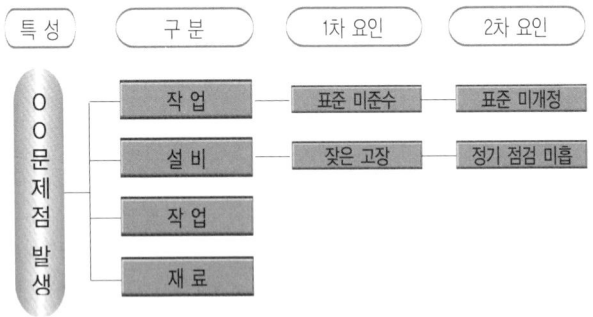

〈그림 2〉 주요 요인 계통도 작성 사례

요인을 기재하는 방법은 '주어 + 동사'로 표현하는 것이 좋습니다. 예를 들면 '온도가 높다', '고장이 많다', '표준을 안 지킨다', '소재의 산포가 크다'와 같이 기재하면 됩니다.

요인을 너무 장황하게 쓰다보면 특성요인도에 기재할 여백이 부족해 애를 먹을 수 있습니다. 설령 아주 작은 글씨로 특성요인도에 넣는다고 해도 그것은 특성요인도 구조상 표현의 한계에 부딪치게 됩니다. 그래서 계통도를 사용하는 이유가 있는 것이기도 합니다.

계통도는 많은 문장을 써도 공간의 제약을 받지 않기 때문에 요인을 상세히 기재하기에 적합합니다.

Q76 원인 분석 단계에서 특성요인도 기법을 사용할 때 '연역법과 귀납법을 활용하여 앞에서 뒤로 전개하고, 뒤에서 앞으로 다시 읽어서 말이 되게 작성하라'고 TPM 사무국에서 요청하는데 너무 어렵습니다. 쉽게 설명해 주세요.

A 특성요인도란 제목 그대로 특성(결과)과 요인(원인) 간의 관계를 도식화한 것을 말합니다. 이는 어떤 결과가 발생하였을 때에는 반드시 이를 발생시키는 원인이 있다는 것에 착안하여 '왜(Why)'라는 질문을 반복함으로써 근본 원인을 찾아내는 방법을 말합니다.

물론 '왜?'라는 질문을 하지 않고서도 관련된 원인을 찾을 수 는 있지만 근본적인 요인을 찾는 데에는 한계가 있습니다. 하지만 특성요인도를 사용하면 문제를 발생시키는 근본 원인을 도출하는데 탁월한 효과를 발휘함으로써 원인 분석에 많이 활용하고 있습니다.

예를 들어 〈그림 1〉과 같이 어떤 부적합을 발생시키는데 작업자의 문제가 있다는 것을 알았고, 작업자의 문제가 왜 발생했는지를 질문해 보니 '표준을 지키지 않는다(1차 요인)'는 것을 알 수 있었고, 다음으로 표준을 왜 지키지 않는지를 질문해 보니 '현재의 표준이 현실과 맞지 않는다(2차 요인)'는 것을 알 수 있었습니다.

다음으로 표준이 왜 현실과 맞지 않는가를 질문해 보니 '표준이 개정되지 않았다는 것(3차 요인)'을 알 수 있었고, 다음으로 표준이 왜 개정되지 않았는가를 질문해 보니 '표준을 개정해야 할 담당자가 없다는 것(4차 요인)'을 알 수 있었습니다.

다음으로 담당자가 왜 없는지를 질문해 보니 '해당 표준 담당자가 퇴사하였다는 것(5차 요인)'을 알 수 있었고, 다음으로 담당자가 왜 퇴사하였는지를 질문해 보니 '그 이유는 모르겠다'는 것입니다.

즉 부적합이 발생하는 요인은 여러 가지가 있지만 '표준 담당자가 퇴사'하였다는 것이 근본 원인이며, 이를 개선해야 부적합이 발생하지 않는다(또는 감소한다)는 결론을 내릴 수가 있는 것입니다. 이를 귀납적인 방법이라 할 수 있습니다.

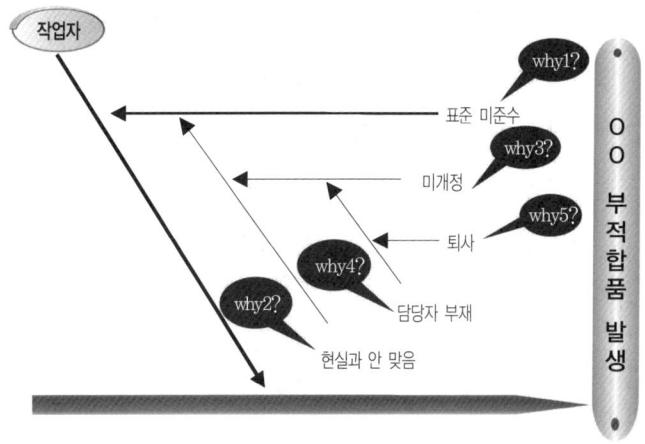

〈그림 1〉 'OO 부적합품 발생' 특성요인도 사례

다음으로 현재의 도출된 요인이 결과를 발생시키는 요인이 확실한가를 검증하는 방법으로 '원인 → 결과'의 질문을 통하여 〈그림 2〉와 같이 연역적인 검증을 실시함으로써 원인과 결과 간의 적합성을 확신할 수 있게 됩니다.

즉 표준 담당자가 퇴사하지 않으면 담당자 부재가 없어지는가? → 담당자가 있다면 표준이 개정되는가? → 표준이 개정되면 현실과 맞는가? → 표준이 맞으면 이를 준수하는가?를 질문하여, 모든 가정이 결과와의 인과 관계가 성립된다면 특성요인도가 올바로 작성되었다고 할 수 있으며,

만약 연역적으로 질문할 때 인과 관계 연결에 부족함이 있다면 요인 도출이 부족하다는 것을 의미합니다. 즉 결과를 발생시키는 요인으로 부적절하거나 아직까지 모든 요인이 도출되지 않았다는 것으로 해석하면 됩니다. 따라서 '왜?'라는 질문을 추가로 하여 요인을 더 도출해야 하는 것이 됩니다.

귀납법 (Induction)	표준 미준수	Why? →	현실과 안맞음	Why? →	미개정	Why? →	담당자	Why? →	퇴사
연역법 (Deduction)	표준 미준수	Result ?←	현실과 안맞음	Result ?←	미개정	Result ?←	담당자 부재	Result ?←	퇴사

〈그림 2〉 귀납법과 연역법의 차이

Q77 원인 분석 방법을 특성요인도로 설명해 주세요.

 필자가 지도했던 염색 업체의 사례를 가지고 설명을 드리겠습니다.

이 회사에서는 제직(製織) 후 염색 공정에서 발생되는 불균염(염색 상태가 상하 좌우 균일하게 되지 않아 색상이 다르게 나타나는 현상)의 원인 분석을 실시해 보았습니다.

원인 분석을 실시하기 위하여 가장 먼저 공정 품질에 영향을 주고 있는 1차 요인을 4M으로 구분하여 각 분임조원이 생각하고 있는 요인을 브레인스토밍하여 메모지에 적어 내도록 하였습니다.

제출된 메모지를 같은 유형별로 그루핑하고 각 요인 간의 상하 관계를 연결하되 상하 관계 연결에 필요한 요인이 없을 때는 이를 추가로 메모지에 작성하여 특성요인도로

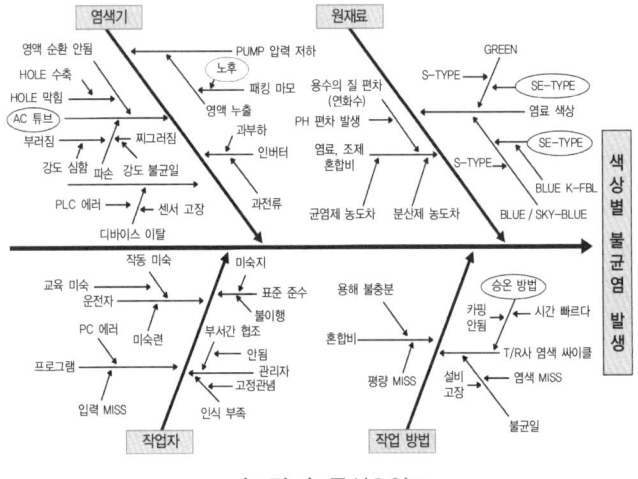

〈그림 1〉 특성요인도

도식화한 결과, 〈그림 1〉과 같은 특성요인도를 완성할 수 있었습니다.

완성된 특성요인도의 기재 내용을 보면서 한 가지만 설명해 보면 색상별 불균염 발생의 요인은 '염색기'가 되며, '염색기'에 문제가 발생되는 요인은 'AC 튜브'에 있으며, 'AC 튜브' 문제를 발생시키는 요인은 '염색 순환이 되지 않는 것'에 있으며, 염색 순환이 안 되는 이유는 AC 튜브 구멍이 막히는 것에 있고, AC 튜브 구멍이 막히는 이유는 구멍이 수축되는 것에 원인이 있다는 것을 그림을 보아 알 수

있습니다

다른 요인도 이런 식으로 따져보면 원인과 결과 간의 관계가 '왜? 왜? 왜?'를 사용하여 연결되어 있다는 것을 알 수 있을 것입니다.

그 다음 실시할 것은 이렇게 나열된 요인들을 어떻게 제거할 것인가를 생각해야 합니다.

이상적으로 말하면 현재 특성요인도에 나열된 모든 요인을 제거하면 불균염 발생이 제로화 된다는 것은 당연한 사실입니다.

하지만 모든 요인을 제거하기에는 많은 시간과 비용이 소모될 수 있으므로 실현성이 적으며, 일의 효율성 또한 떨어집니다.

그러므로 각 요인 중에서 불균염 발생에 가장 많은 영향을 끼치는 요인을 우선적으로 선정하여 '주요 요인'으로 등록합니다.

왜냐하면 도출된 요인 간에는 불균염 발생에 크게 영향을 미치는 요인도 있고, 그 영향이 미미한 것도 있기 때문입니다.

등록된 주요 요인에는 별도의 표기(여기에서는 동그라미

표시)를 실시하여 누구나 알 수 있게 하며, 부가적으로 계통도법을 사용하여 다시 한번 상세하게 정리(특성요인도에서는 도식화해야 하는 이유로 긴 문장을 쓰기 어려움)하는 것이 좋습니다.

불균염 발생에 관련된 주요 요인 정리를 실시한 결과는 〈그림 2〉와 같습니다.

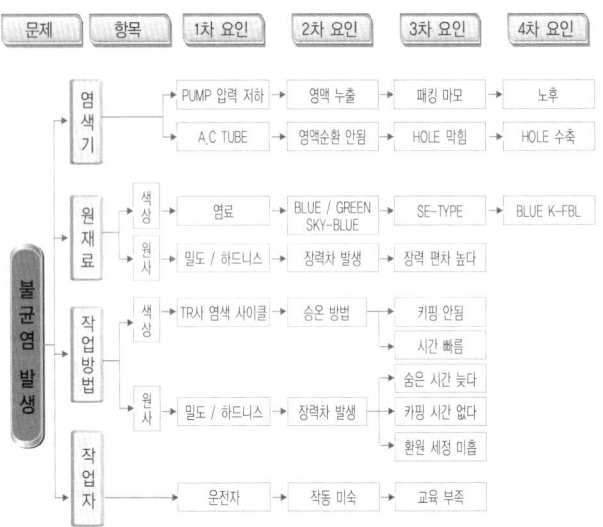

〈그림 2〉 주요 요인 계통도

Q78 원인 분석 시 QC 기법을 적용시키는 방법과 적용시킬 때 주의해야 할 사항을 알고 싶습니다.

 원인 분석에 많이 사용하는 기법은 특성요인도와 연관도입니다.

두 기법 모두 어떤 특성치(주로 문제점)에 대하여 이와 관련된 요인들이 무엇인지를 여러 사람이 브레인스토밍하여 찾아내는 방법입니다.

두 기법 간에 차이점이 있다면 특성요인도는 주로 요인 간에 상하 관계가 명확하고 요인군(要因群) 간에 연관성이 약한 경우에 사용하며, 이에 반하여 연관도는 각 요인 간의 상관 관계가 복잡하게 얽혀 있을 경우에 사용합니다.

사용 시 주의 사항에 대하여 몇 가지 말씀 드리겠습니다.

첫째, 특성요인도나 연관도를 단번에 완성시키려 하지 말아야 합니다.

우선 여러 사람들로부터 각자 생각하게 하고 요인을 무작위(상하 연관 관계를 생각하지 말고)로 받아내어 이들 간에 우선 그루핑을 실시한 후 해당 그룹 내에서 상하 관계를 연결해야 합니다.

둘째, 주요 요인을 색출해야 합니다.

도출된 모든 요인 중 특성치(주로 문제점)에 가장 영향을 많이 미치고 있다고 생각되는 요인을 대략 5개 이내(상황에 따라 변경 가능)로 선정합니다.

셋째, 가능하면 많은 사람이 참여해야 합니다.

브레인스토밍의 장점은 동일 사물(현상)에 대하여 개개인이 보는 관점과 사고가 다르다는 것을 이용하는 기법이므로 여러 계층, 여러 부서, 여러 공정의 의견을 받아보는 것이 좋습니다.

Q79 원인 분석 시 어떤 경우에 연관도를 사용하는지와 활용 사례를 보여 주세요.

A 원인 분석 시 대부분 특성요인도를 많이 활용하지만 원인과 결과가 복잡하게 얽혀 있을 경우에는 특성요인도 표현이 어렵게 됩니다.

특성요인도는 주로 4M으로 요인을 층별한 후 해당 원인들을 원인과 결과순으로 반복하여 정리합니다. 이때 층별된 4M 간에 요인들은 서로 독립적인 경우가 대부분입니다. 그러나 어떤 요인이 2개 이상의 4M에 영향을 미칠 경우도 간혹 발생합니다. 주로 사무 부문이나 서비스 업무에 대한 원인 분석이 많이 발생합니다. 이런 경우에는 연관도를 사용하며 원인 분석 결과를 표현하는 것이 해석이 용이합니다.

이에 대한 실시 사례는 다음 〈그림〉과 같습니다.

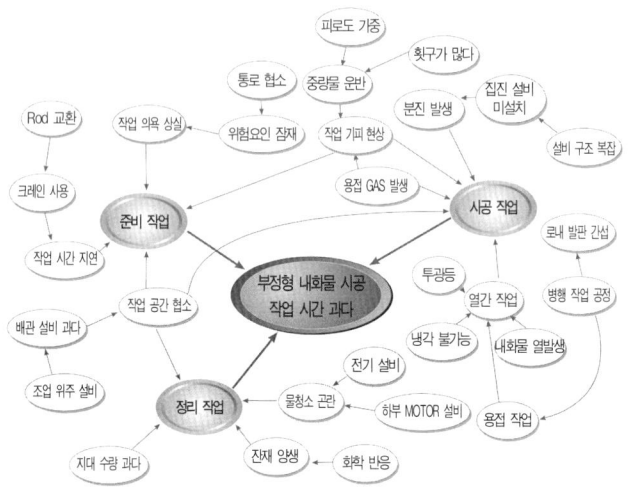

⟨그림⟩ 원인 분석을 위한 연관도 사례

즉 연관도법은 각 요인 간의 연관 관계가 복잡하게 얽혀 있을 경우(제품에 대한 문제보다는 업무에 대한 문제) 많이 사용되고 있으며, 1차 요인도 4M으로 국한되지 않고 업무 성격에 따라 다양한 형태의 1차 요인이 나타날 수 있다는 것에 주의해야 합니다.

 원인 분석의 기법들을 알고 싶습니다.

 원인 분석 기법은 일반적으로 특성요인도와 연관도를 많이 사용합니다.

한 개의 결과에 한 가지 유형의 요인이 관계가 단순하게 얽혀 있을 경우에는 특성요인도가 많이 사용되며, 한 개의 결과에 여러 유형의 요인이 복잡하게 얽혀 있을 경우나 여러 가지 결과에 한 가지 유형의 요인이 얽혀 있을 경우에는 주로 연관도를 사용하는 것이 편리합니다.

이 두 가지 원인 분석 기법의 차이점을 좀 더 자세하게 설명드리면 다음 〈표 1〉과 같습니다.

〈표 1〉 특성요인도와 연관도 비교

구 분			특성요인도	연관도
같은점	사용 목적	원인 추구형	결과와 원인과의 관계를 파악한다.	
		대책 수립형	목적과 수단과의 관계를 파악한다.	
	작성 방법		요인(원인)과 결과(특성치) 간의 관계를 브레인스토밍 방법을 활용하여 정리한다.	
다른점	원인 간의 상호 관련성		파악 불가	파악 가능
	원인의 중요도		구분 안 됨	화살표 연결 상태를 보고 파악
	결과(특성치)		한 개만 가능	두 개 이상도 가능

다음으로 요즈음 각 기업에서 6시그마 활동이 활발해짐에 따라 더욱 다양한 원인 분석 기법이 활용되고 있으며, 이 가운데 대표적으로 많이 사용되고 있는 원인 분석(잠재요인 분석) 기법을 설명 드리겠습니다.

우선 X-Y 매트릭스가 있는데 이것은 최종 고객의 Y's에 대해 X's를 관련지어 주고, X's의 중요도에 따라 점수를 매기는데 사용되는 간단한 스프레드시트로서, 원인(요인: X's)과 결과(Y's) 간에 상관성을 정량화할 수 있는 장점이 있습니다.

즉, Y's란 출력 변수로서 제품(업무)에 치명적인 영향을 주는 항목을 말하며, X's란 Y's에 영향을 미치는 입력 변수로서 이것이 잘못되었을 경우 최종 제품에 바람직하지 않은 원인을 일으킬 수 있는 항목을 말합니다.

이에 대한 작성 사례를 보여 드리면 다음 〈표 2〉와 같습니다.

〈표 2〉 X-Y 매트릭스 작성 사례

X-Y 매트릭스	범례	중요도	매우 중요		보통		전혀 중요하지 않음
		관련성	10		5		1
			매우 관련성 높다		보통		전혀 관련성 없다

입력 변수(X's) \ 출력 변수(Y's)	몰드 프레임 불량				점수	점유율 (%)
	Burr	백점	흑점	얼룩		
중요도	10	10	8	8	1,360	100
1 조립/검사자 검출력	10	10	8	8	328	24.1
2 세척력	8	8	6	8	272	20.0
3 몰드 프레임 조립시 간섭	10	10	10	10	360	26.5
4 총 조립시 간섭	6	6	6	6	216	15.9
5 레진 특성	6	6	4	4	184	13.5

다음으로 설계 및 공정의 불안전이나 잠재적인 결점을 찾아 그에 대한 영향을 분석하는 기법으로 FMEA (Failure Modes and Effects Analysis)가 있습니다.

이 기법은 시스템을 구성하는 모든 부품을 찾아내고 이 부품들의 고장 모드가 타부품과 시스템에 미치는 영향과 고장의 원인을 Bottom-up 방식으로 조사하는 방법입니다.

FMEA는 실시 단계에 따라 설계 FMEA와 공정 FMEA로 구분하며, 이에 대한 실시 사례를 보여드리면 다음 〈표 3〉과 같습니다.

〈표 3〉 FMEA 작성 사례

FMEA

NO	공정명	잠재고장 유형 (공정 결점)	잠재고장 영향 (KPOV's)	심각도	잠재고장 원인 (KPIV's)	발생빈도	현 공정 관리 상태	검출빈도	RPN	비고
1	적재	부품이 잘 안맞음	공정 지연	2	들어오는 부품의 치수가 맞지 않음	3	부품 수주 시 검사 (1% 치수 검사)	6	36	
2	적재	부품이 잘못 놓임	최종 조립품의 너비/길이가 맞지 않음	8	작업자의 실수	5	100% 최종 치수 측정 100% 시각적 검사	4	160	#2
3	사이클 시작	기계가 듣지 않음	공정 지연	2	전원 꺼짐, 센서가 나감	2	1/월 PM	7	28	
4	조임	기계가 조임 기능 수행 못함	공정 지연	2	낮은 공기 압력, 센서가 나감	2	1/월 PM	7	28	
5	조임	기계가 용접 기능 수행 못함	공정 지연	2	부품이 올바르게 놓이지 않음	2	센서 설치(포크-요크)	2	8	
6	용접	기계가 용접 기능 수행 못함	공정 지연	2	전원 공급이 충분히 못함	1	전압 조정기와 시각적 경보	2	4	
7	용접	용접 부위가 작거나 '가벼워' 보임	에어백 하우징이 에어백 작동지지	10	용접 순서가 제대로 조정되어 있지 않음	5	100% 시각적 검사 2/ 시프트 파괴 검사	4	200	#1
8	조임	기계가 조임을 풀지 못함	공정 지연	2	공기 압력 배출 밸브 깨짐	2	1/월 PM	7	28	
9	운반	하위 조립품을 떨어뜨리거나 손상시킨다	최종 조립품의 너비/길이가 맞지 않음	8	작업자 실수	2	100% 최종 치수 측정 100% 시각적 검사	4	64	#3

Q81 원인 분석 단계에 여러 가지 기법이 있는데, 각 기법의 차이점을 알고 싶습니다.

A 원인을 찾아내는 방법은 품질 분임조 활동에서는 주로 특성요인도와 연관도법을 많이 활용하고 있지만, 이외에도 다양한 원인 분석 기법들이 개발되어 있습니다.

이들 각각의 원인 분석 방법은 나름대로의 특성이 있어 이에 대한 자세한 학습을 통하여 활용하는 것이 필요합니다.

여기서는 분임조 활동에서 활용 가능한 원인 분석 기법들에 대하여 간략한 방법론을 다음 〈표〉에 소개해 드리겠습니다.

〈표〉 원인 분석 기법

번호	기법	원인 분석 방법
5	특성 요인도	문제를 발생시키는 요인들에 대하여 '왜?'를 반복하여 하위의 원인들을 찾아내는 방법으로 원인과 결과 간에 1:1의 관계를 형성하고 있을 때 사용
6	연관도법	기본적으로 특성요인도와 같으나 원인과 결과 간에 $1:n$으로 요인이 복잡하게 얽혀 있는 문제의 인과 관계를 형성하고 있을 때 사용
7	산점도	짝을 이룬 2개의 데이터를 기입해 데이터 간의 관계를 보는 그래프로 부적합이라는 결과와 그 원인이라고 생각되는 것 사이에 어떤 인과 관계가 있는지를 사실에 입각한 데이터를 통해 해석하는 방법

	상관 분석	두 확률 변수 x와 y 간의 선형 관계를 별도 공식에 의거해 상관 계수(r, 상관 계수는 $-1 \leq r \leq 1$의 값을 같음)를 구하고 다음과 같이 판정한다.
		• $r > 0$ 이면 양의 상관 관계, $r < 0$ 이면 음의 상관 관계
		• $\|r\|$이 1에 가까울수록 강한 상관 관계, $\|r\|$이 0에 가까울수록 약한 상관 관계
		• 시료의 크기가 대략 30개 정도일 때
		  – $\|r\| > 0.7$ 이면 강한 상관 관계
		  – $0.4 \leq \|r\| \leq 0.70$이면 약한 상관 관계
		  – $\|r\| < 0.4$ 이면 상관 관계가 거의 없다고 판정한다.

번호	기법	원인 분석 방법
	X-Y 매트릭스	문제점(Y)에 대해 요인들(X's)을 관련지어 주고 X's의 중요도와 상관 정도를 감안하여 원인의 기여정도를 평점한다.(스프레드시트 형태) 이 점수를 통하여 원인의 관련성 정도를 정량적으로 파악한다.
	FMEA (Failure Mode and Effects Analysis)	문제를 발생시키는 요인을 찾아내고 각 요인들이 문제 발생에 기여하는 정도를 위험 우선 순위(RPN : Ri나 Priority Number)로 산출한다. RPN값은 심각도(severity), 발생도(occurrence), 검출도(detection)에 대해 통상 1~10단계로 구분하여 평점 후 이들의 곱으로 산출한다.

Q82 목표 설정 과정에서 목표 설정을 객관적이고 합리적으로 하는 방법 및 사례를 보여 주세요.

A 목표 설정 시 고려해야 할 3대 요소는 무엇을 언제까지, 얼마만큼 달성할 것인가 하는 사항입니다.

그러나 활동을 해 보지도 않고 개선 결과를 미리 예측한다는 것은 결코 쉬운 일이 아닐 것입니다. 그것도 개선의 정도를 수치화하여 정량적으로 표현한다는 것은 더욱 더 그렇겠죠.

따라서 이에 대하여는 수치 산출에 너무 연연해하지 마시고, 필자가 제시하는 몇 가지 사항을 참고하여 귀 분임조의 주제 해결에 대한 의지 표명을 한다고만 생각하셔도 무방할 것 같습니다.

첫째, 무엇을 개선할 것인가에 대하여는 원인 분석을 통하여 밝혀진 주요 요인들에 대하여 개선이 가능하다고 판단되는 요인을 설정합니다.

둘째, 언제까지 개선할 것인가에 대하여는 활동 계획 수립 단계에 나타난 대책 실시까지의 기간을 고려합니다.

셋째, 얼마만큼 개선할 것인가에 대하여는 주요 요인에 대한 개선 방향을 고려하여

① 기술적으로 해결이 가능한 정도를 표기하거나

② 과거의 분임조 활동 경험을 고려하거나

③ 회사나 윗사람의 방침을 고려하여 설정하면 됩니다.

목표 설정 결과를 필자가 지도했던 업체의 사례를 다음 〈그림〉에 제시하니 참고하시기 바랍니다.

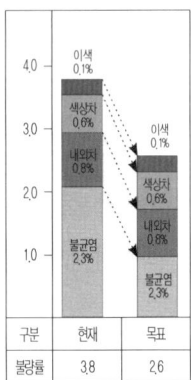

NO	항목	현상치	목표치	감소치	개선방향	
1	불균염	2.3%	1.1%	1.2%	염색기	AC 튜브를 개선하여 염액 누출이나 염액 순환 불균일 제거
					원재료	염료의 타입을 변경하고 원사의 밀도 및 경도를 관리
					작업방법	ATY/DTY/TR사의 염색 사이클 개선
					작업자	염색기 작동 방법 교육으로 사용 미숙 제로화
2	내외차	0.8%	0.8%	0.0%	불균염 감소에 의한 파급 효과로 내외차, 색상차, 이색 불량 감소가 기대되나, 감소 목표에는 적용하지 않았음	
3	색상차	0.6%	0.6%	0.0%		
4	이색	0.1%	0.1%	0.0%		
계		3.8%	2.6%	1.2%	불균염을 현재보다 50% 감소시키기로 함	

〈그림〉 목표 설정 사례

Q83 주제를 진행하면서 실행 여부가 불투명할 때의 목표 설정은 어떻게 해야 합니까?

 분임조 활동 단계에서 수치화하기가 가장 난감한 부분일 것입니다.

이제 막 시작하는데 얼마만큼 개선이 될지(목표)를, 또한 왜 그렇게 될 수 있는지(목표 설정 근거)를 수치화하여 내놓으라니 어렵겠지요.

이 부분에 대해서는 너무 스트레스를 받지 마시고 다음 중에 해당되는 사항이 있으면 선택하여 사용하시기 바랍니다.

첫째, 과거의 귀 분임조 활동에서 해결한 주제가 있다면, 그 때의 개선 정도를 고려하여 설정

둘째, 회사의 경영 방침 및 목표를 참고하여 결정

셋째, 윗사람의 조언에 따라 결정

Q84 현장에서 목표 설정 시 목표를 정확히 설정할 수 없을 경우 어떤 방식으로 목표를 설정해야 합니까? 회사 방침으로 설정해야 하나요?

A 분임조 활동에서 목표 설정 단계만큼 난감한 경우도 없을 것입니다. 개선 방향을 잡기도 어려운데 개선 후 어느 정도를 개선할 수 있는지 수치화한다는 것이야말로 진짜로 뜬구름 잡는 기분일 것입니다. 그렇기 때문에 목표가 정확하지 않다고 해서 너무 스트레스 받을 필요는 없습니다.

현상을 정확히 파악하고 분임조원들이 생각하는 요인을 개선할 때 지금 발생되고 있는 현상이 어느 정도 변할 수 있는가를 추정해서 설정하면 되는 것입니다. 단지 이를 좀 더 효율적으로 하기 위한 방법을 몇 가지 설명 드리면 다음과 같습니다.

우선 목표 설정 시 고려해야 할 3대 요소는 '무엇을 언제까지, 얼마만큼 달성할 것인가' 하는 것입니다.

첫째, 무엇을 개선할 것인가에 대해서는 원인 분석을 통해 밝혀진 주요 요인들 중에서 개선이 가능하다고 판단되는 요인을 설정합니다.

둘째, 언제까지 개선할 것인가는 활동 계획 수립 단계에서 설정한 대책 실시 단계까지의 기간을 고려하는 것입니다.

셋째, 얼마만큼 개선할 것인가에 대한 것이 귀하께서 질문하신 내용입니다.

이는 주요 요인에 대한 개선 방향을 참고해 다음의 몇 가지 경우를 고려하여 선택하면 됩니다.

Case 1 : 기술적인 실험이나 계산에 의해 설정합니다. 원인과 결과 간에 상관성이 있어 이를 수식으로 표현한 후 원인 변수의 변화량을 대입하여 결과값의 변화를 개선 정도로 표현하는 방법입니다.

Case 2 : 회사나 부서의 목표를 인용해 설정합니다. 현상과 관련한 특성치에 대해 회사나 부서(팀, 그룹 등)의 목표가 이미 정해져 있어 이를 달성하기 위해 개선되어야 할 양을 목표로 정하는 방법입니다.

Case 3 : 과거 분임조 활동 경험이나 의지를 고려해 설정합니다.

과거 분임조 활동의 개선 양 정도를 반영하여 목표를 설정하거나 분임조원의 의지를 표현하는 방법으로 개선 전 대비 10%, 30%, 50%감소(증가) 등으로 표현하는 방법입니다.

지금까지 설명 드린 사항에 대해 실제 기업에서 개선 활동 시 목표 설정한 사례를 소개해 드리면 다음 〈그림〉과 같습니다.

목표		요인	개선방안	목표치 설정 근거	개선전	목표	감소치	
난분해성 폐수 분리처리 시간단축	독성물질분리단축	난분해성 폐수 저장 시설이 멀다	운휴 탱크를 저장 시설로 사용하기 위한 개선 작업	$Q(유량) = V(유속) \times A(단면적)$ $V = \sqrt{2 \times g \times h}$	186.4 (분)	30 (분)	156.4 (분)	계산식에 의한 목표 설정
		높은 발열 및 악취 가스 발생	각 조건별 실험 실시하여 최적의 조건을 찾았다	최고 반응 온도를 설정하여 약품 주입 속도를 1.5배 높이는 것을 목표로 함	207.8 (분)	150 (분)	57.8 (분)	분임조 의지에 의한 목표 설정
		독성 물질 제거 장치 미비	독성 물질 제거 장치 제작 및 설치	수작업을 Water 분사 방식으로 개선하면 작업 시간 25분 정도까지 단축이 예상됨	58.5 (분)	25 (분)	33.5 (분)	분임소 활동 경험에 의한 목표 설정
	분리수처리시간단축	화학적 처리조 COD를 모른다	자체 측정 시스템 구축	$C = \dfrac{(Q \times C) + (Q \times C)}{Q + Q}$	387.1 (분)	240 (분)	147.1 (분)	계산식에 의한 목표 설정
		분리수염의 농도가 높다	염 발생 억제	세척 주기 및 방법 개선하면 부서 목표인 0회를 달성할 수 있음	2회/월	0회	2회/월	부서 목표를 근거로 한 목표 설정

〈그림〉 목표 설정 사례(1)

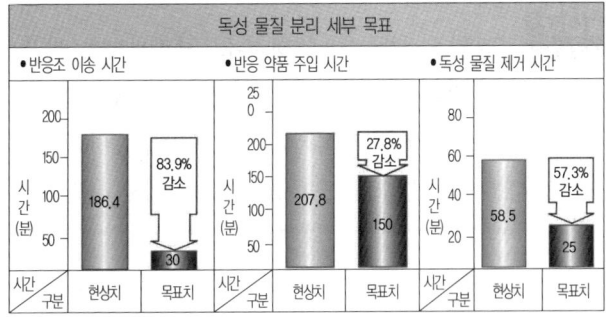

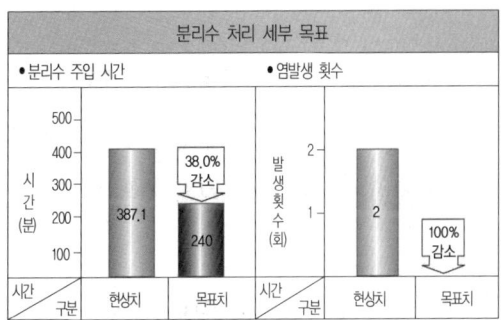

〈그림〉 목표 설정 사례(2)

Q85
분임조 활동 시 대책 수립 단계에서 브레인스토밍에 의해 나온 많은 수단들을 어떻게 기록합니까? 예를 들어 문제점에 대한 수단이 1차에서 10차까지 나왔다면 10차 모두를 기록해야 하나요?

A 결론부터 말씀 드리면 모두 기록해야 합니다.

브레인스토밍을 통해 많은 아이디어가 나오는 것이 중요한 것이지, 이를 기록하는 것은 문제가 되지 않습니다.

단지 대책 수립 단계에서는 브레인스토밍 기법만 가지고 대책안을 도출하는 것은 다소 무리가 있습니다. 획기적인 대안을 창출하기 위해서는 결점열거법, 희망점열거법, 오스본의 체크리스트, SCAMPER, 특성열거법, TRIZ 등의 전문적인 아이디어 발상 기법을 동원하는 것이 좋습니다.

그리고 대책 수립 단계는 목적과 수단을 계통적으로 연결하는 구조로 되어 있기 때문에 차수가 높아질수록 점점 구체적인 대책안이 나오게 됩니다. 즉 수단에 대한 차수가 높다는 것은 많은 고민을 통해 바로 실시만 하면 될 수 있을 정도의 구체적인 대책안을 창출했다는 의미입니다. 하지만 수단의 차수를 높인다는 것이 매우 어렵기 때문에 대부분의 분임조 활동을 보면 1차에서 3차 정도의 수단을 도출하고 있습니다.

귀하의 질문대로 10차까지 수단이 도출되었다면 굉장히 열심히 대책을 도출한 것으로, 아마 PDCA에서 고민할 것 없이 바로 실행할 수 있을 것 같습니다. 참고적으로 대책 수립에 대한 전개 구조는 다음 〈그림〉과 같으니 참고하시기 바랍니다.

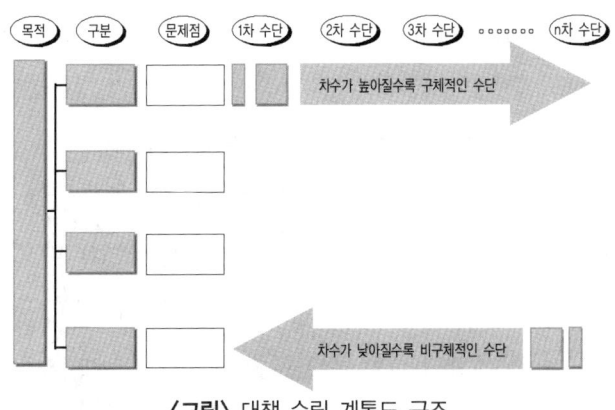

〈그림〉 대책 수립 계통도 구조

Q86 원인 분석 결과에 대해 대책을 수립하는 과정에 대한 이해가 어렵습니다. 대책 수립 방법에 대해 알려 주세요.

A 원인 분석을 통하여 나타난 문제점에 대해 대책안(수단)을 수립하여 정리하면 〈그림 1〉과 같은 형태가 작성됩니다.

이 단계에서 도출된 모든 수단을 실시할 수도 있겠지만 그렇게 되면 시간과 노력이 너무 과대하게 소요될 수가 있으므로 경제성·기술성·작업성 등과 같은 평가 항목을 통하여 현재 도출된 대책안의 적정성을 평가합니다.

평가 결과 채택된 수단에 대하여는 분임조의 판단에 따라 실시 순서를 수립하여 개선을 하게 되는 것입니다.

〈그림 1〉을 보면 경제성·기술성·작업성에 대한 평점 결과를 분임조에서 정한 채택 기준에 의해 선별 후 채택된 개선안을 어느 것부터 실시할 것인지를 판단하여 실시 순

서(그림에서 점선으로 둘러쌓인 부분)를 정하게 됩니다.

때에 따라서는 실시 순서를 별도의 간트차트를 사용하여 추가적으로 정리를 하기도 합니다.

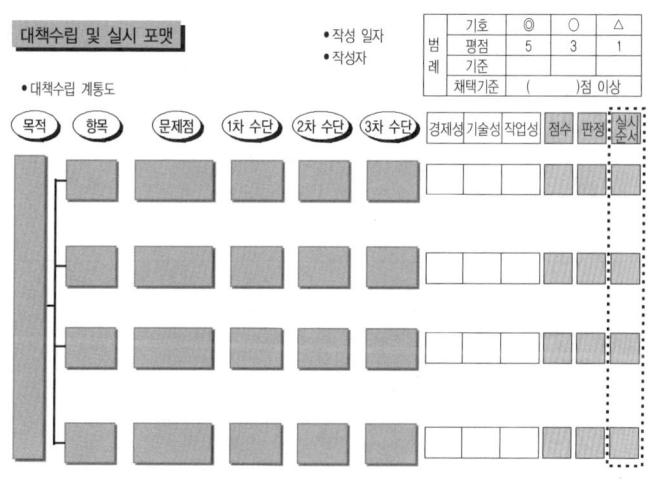

〈그림〉 대책 수립 계통도 포맷

채택된 개선안에 대하여도 그냥 실시하는 것이 아니라 개선안을 실시하기위한 계획 수립(Plan) → 실행(Do) → 확인(Check) → 조치(Action)의 순서로 〈그림 2〉와 같은 형식으로 진행합니다.

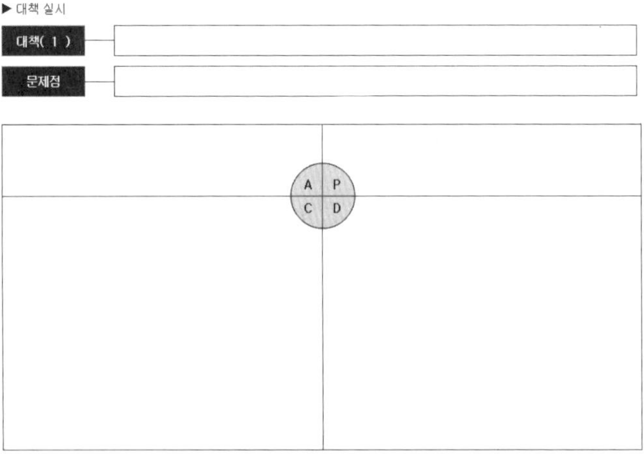

▶ 대책 실시

| 대책(1) | |
| 문제점 | |

	A P
	C D

〈그림 2〉 대책안 실시 방법

Q87 대책 실시에서 PDCA 사이클 기법에 대해 다른 기법을 활용하려고 하는데 어떤 것이 좋겠습니까?

A 대책 실시에서 중요한 착안 사항은 하고자 생각했던 일을 어떻게 완벽하게 실행할 수 있는가를 생각하면 됩니다. 일반적으로 많이 사용하고 있는 방법은 하고자 하는 것을 명확히 하는 계획(Plan)단계 → 이를 시행하기 위한 구체적인 수단을 전개하는 실시(Do) 단계 → 실시한 내용에 대한 유효성을 검증하는 확인(Check)단계 → 유효성 검증 결과에 따라 다음에 할 일을 정하는 조치(Action) 단계로 되어 있는 데밍 사이클을 많이 활용합니다.

하지만 서두에서 말씀드린 것처럼 다른 수단으로 하고자 하는 일을 완벽하게 처리할 수 있는 방법이 있다면 이것을 대책 실시에 사용하면 됩니다.

필자의 경험상으로 어떤 일을 처리할 때 많이 사용했던 포맷을 몇 가지 소개해 보겠습니다.

① 5W1H 활용법

NO	문제점	대책안	실시 방법	실시자	일정	실시 기록 (증거)	사후 관리

② 장단점 분석법

개선안		실시자		기간	
개선 전		개선 후			
장점 분석	단점 분석	단점 제거 방법			

③ 실험 계획법(DOE : Design Of Experiment) 및
 분산 분석(ANOVA : ANalysis Of VAriance)

요즈음 많이 추진되고 있는 6시그마 활동에서 대책 실시에 많이 활용하고 있습니다.

실험 계획법이란 어떤 반응 변수값(품질 특성치)에 대하여 어떤 요인(원인)의 영향을 조사하고자 할 때 사용되며 분산 분석은 반응 변수의 산포(변동)을 제곱합(sum of square)으로 나타내고, 이 제곱합을 반응 변수에 영향을 주는 요인별로 분해하여 오차에 의한 영향보다 큰 영향을 주는 요인이 무엇인가를 찾아내고자 하는 분석 기법입니다.

즉 어떤 요인이 자신이 개선하고자 하는 부적합에 영향을 많이 주는가를 찾아내어 이 요인의 영향을 최소화하여 부적합을 줄인다는 것입니다

미니탭 프로그램을 사용한 분산 분석 결과는 다음과 같습니다.

Two-way ANOVA: 강도 versus 성형시간, 온도

Analysis of Variance for 강도

Source	DF	SS	MS	F	P
성형시간	1	3.781	3.781	16.12	0.028
온도	3	1.344	0.448	1.91	0.304
Error	3	0.704	0.235		
Total	7	5.829			

이 출력 결과를 해석하면 성형 온도는 P값이 0.304로 유의수준이 α=0.05를 사용하는 경우 귀무가설이 채택되어 제품의 강도에 유의한 차이가 없으며(즉, 성형온도는 부적합개선에 영향을 주지 않는다), 성형 시간에 대한 P값이 0.028이므로 귀무가설이 기각되어 유의한 차이가 있는 것(즉, 부적합 개선에 영향을 주는 중요한 요인이다)으로 판단된다는 것입니다.

분산 분석의 좀 더 상세한 이해를 위하여는 6시그마 관련 통계 이론을 학습하시기 바랍니다.

Q88 대책 실시는 PDCA로 하라고 하는데, PDCA에 대한 의미를 예를 들어서 쉽게 설명해 주세요.

A PDCA는 '관리 사이클'이라 고도 하며, 어떤 일을 개선할 때 계획을 세우고(Plan) → 계획대로 실시하고(Do) → 실시가 잘 되었는지 점검하고(Check) → 점검 결과에 따라 조처를 취하는 것(Action)을 말합니다.

이러한 4단계를 계속 반복함으로써 어떤 일이나 제품의 수준을 높여 나가는 것이 관리 사이클의 목적이기도 합니다.

즉 〈그림 1〉과 같이 경사진 언덕을 PDCA라는 바퀴를 굴려 원하는 목표에 도달 하는 것과 같은 원리지요

이는 〈그림 2〉와 같이 나사의 선이 상승하는 모양과 같다하여 '스파이럴 업(spiral up) 효과'라고 표현하기도 합니다.

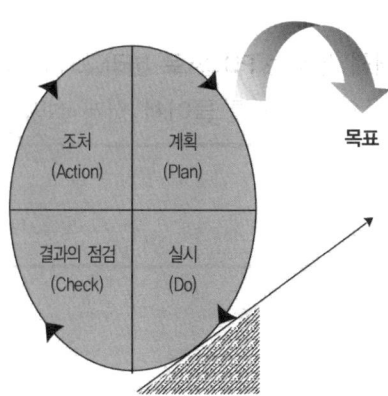

〈그림 1〉 PDCA 관리 사이클의 회전

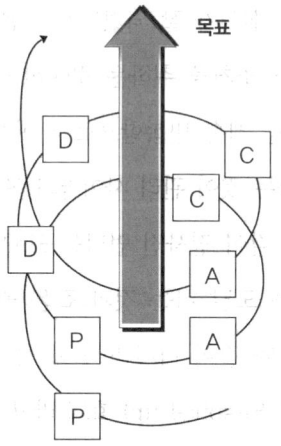

〈그림 2〉 스파이럴 업 효과

또한 관리 사이클은 일상생활에서도 활용할 수 있으며, 이를 사용하면 사용하지 않을 때와 비교하여 많은 효과가 나타납니다.

예를 들어 'K씨'의 출근 시간을 살펴보기로 하지요.

① 기상(06:30) ⇒ ② 체조(06:45) ⇒ ③ 아침 식사(07:00) ⇒ ④ 출발(07:20) ⇒ ⑤ 마을버스(07:25) ⇒ ⑥ 신이문역(07:35) ⇒ ⑦ 전철(07:45) ⇒ ⑧ 영등포역(08:25) ⇒ ⑨ 통근버스(08:30) ⇒ ⑩ 회사 도착(08:50)

위와 같은 출근 계획(Plan)을 세워 실시하였을 경우 ①에서 ⑩까지의 실시(Do) 단계에서 문제(계획 대 실적의 차이)가 발생하였을 경우 회사까지의 출근 시간에는 차질이 생기게 됩니다.

이러할 경우 ①에서 ⑩까지의 단계 중 어느 단계에서 문제가 있었으며 그 오차는 어느 정도 발생했는지를 파악(Check)하여, 적절한 개선 대책(Action)을 수립해야 향후에는 정상 시간에 출근하는 목표를 달성할 수 가 있는 것입니다.

Q89. 분임조 활동에서 PDCA 사이클 각 단계에 대한 수행 내용을 알고 싶습니다.

A 분임조 활동에서 대책 실시 단계를 효율적으로 실시하기 위해서는 계획(Plan) → 실시(Do) → 확인(Check) → 조치(Action)의 4단계를 수행하는 것을 말하며, 이를 관리 사이클 또는 데밍 사이클이라고도 합니다. 각각의 단계에 대해 수행 방법을 설명 드리겠습니다.

계획(Plan)

수립된 대책안의 구체적 실행 계획을 적는 것으로, 6하원칙(5W1H)에 의거해 작성합니다. 특히 타부서나 외부의 협조가 필요한 사항이 발생할 수 있으므로, 이런 경우에는 사전에 해당 부서장의 협조를 요청해 놓는 것이 좋습니다.

그래야 효율적으로 활동을 진행할 수 있습니다.

실시(Do)

분임조 활동 추진 단계 중 이 단계 역시 가장 어렵고 중요한 단계입니다. 등산에 비유하면, 정상을 눈앞에 두고 '깔딱 고개'를 넘는 숨가쁜 순간이죠. 그래서 대부분의 분임조가 이 단계에서 힘들고 지쳐 포기하는 경우가 많습니다. 따라서 일정 계획을 수립할 때 이 부분에 많은 시간을 할애해야 하며, 부서 고유 업무 수행에 지장을 초래하지 않게 분임조원 모두가 합심하는 자세를 가질 필요가 있습니다.

실시에서는 개선 전과 후의 내용을 명확하게 표현해야 합니다. 표현 방법은 사진, 도면, 스케치, 도표 등을 사용하는 것이 일반적이며, 특히 개선 전에 어떤 사항을 어떻게 변경했는지, 그래서 어떤 효과를 기대하는지를 분명히 나타내야 합니다.

확인(Check)

실시한 개선 사항의 효과 발생 여부를 측정하는 부분입

니다. 이 부분에서는 필수적으로 수치화된 데이터를 사용해야 합니다. 개선 전·후를 막대그래프로 그리거나 개선 전, 목표, 개선 후 모두를 그림으로 그려도 무방하며 확인(평가) 시에 착안할 사항을 몇 가지 정리하면 다음과 같습니다.

① 개선 전과 비교해 개선 후 효과 발생이 확실한지를 증명합니다. 이를 위해서는 통계적 분석을 활용하는 것이 바람직합니다. 예를 들면 부적합률을 개선했을 때는 2개의 부적합률 검정을 사용하며, 작업 시간이나 무게, 길이 등의 계량치 데이터를 개선했을 때는 2개의 평균치 검정(T-Test)을 사용합니다. 이를 정확하게 활용하기 위해서는 별도로 통계 이론을 습득해야 합니다.

② 효과 파악 기간의 적절성을 검토합니다. 개선 후 데이터 측정 기간이 전체를 대표할 수 있는 기간인지를 판단하고, 해당 기간만큼 데이터를 수집합니다. 모든 단계가 그렇지만 반드시 실시 기간을 표시해야 합니다.

③ 개선 목표를 달성하지 못했을 때는 2차 대책을 실시합니다. 당초 목표로 했던 수준만큼 개선되지 않았거나 개선 전·후의 효과 차이가 미미할 경우에는 현재의 대

책안이 최적이 아니므로, 다른 대책안을 도출하여 실행합니다. 분임조 경진대회 심사를 하다 보면, 가끔 억지로 2차 대책을 유도한 흔적이 보이는 경우가 있는데, 이는 분임조 활동에서 지양해야 할 사항입니다.

조치(Action)

개선 결과가 유효할 경우에는 관련 표준서를 제정 또는 개정하며, 개선 결과 평가 시 새로운 대책 실시가 필요하다고 판단되면 차기 대책을 수립하는 단계입니다. 관련 표준서 제정 또는 개정 시는 사내 표준을 주관하는 부서가 있기 때문에 개선 사항을 사내 표준으로 반영할 때 어떤 절차를 준수해야 하는지를 사전에 파악해 둡니다.

조치를 할 때는 해당 표준 번호, 표준 제목, 제정 또는 개정 일자 등을 기록해 놓습니다. 단, 개선 내용이 표준 제정 또는 개정 정도의 사항이 아닐 경우에는 교육 실시나 부서 내 게시 등으로 이를 대체하는 것도 좋은 방법입니다.

Q90
PDCA 사이클에 대한 이야기를 많이 들었는데, 일상생활(가정)에서 사용하려면 어떻게 해야 할까요?

A 계획(Plan) → 실시(Do) → 확인(Check) → 조치(Action) 4단계의 관리 사이클은 데밍 박사가 창안해서 '데밍 사이클'이라고도 합니다. 이는 어떤 일을 효율적으로 관리하기 위하여는 P→D→C→A 4단계를 반드시 준수해야 한다는 것입니다.

일상생활에 접목해 보고자 하시는 것 같은데, 예를 들면 자신의 1년(또는 1개월) 생활에서 연초에 그 해에 이루고자 하는 것을 기획(Plan)하고 그것을 일정에 맞추어 실시(Do)하고, 매달 계획대로 실시되었는지를 확인(Check)하고 목표대로 되지 않았을 경우에는 원인을 파악하고 조치(Action)를 실시하는 것입니다.

특히 목표한 것이 제대로 실시되지 않았을 경우에는 개

선 계획을 다시 수립(Plan)하고 실시(Do) → 확인(Check) → 조치(Action)할 수도 있습니다.

이는 어떤 일을 새로이 기획하고 실행할 때에도 데밍 사이클이 활용되지만, 어떤 문제점을 개선하기 위해서도 데밍 사이클을 활용할 수 있다는 것입니다.

어느 누구나 개인적으로 목표(어학 능력 향상, 체력 강화, 금연, 식생활 개선, 종교 생활, 친구 관계, 부부 관계 등)는 다 있을 것입니다.

이를 목표대로 성취하기 위해 데밍 사이클을 활용하면 그냥 머릿속으로 생각하고 실행 하는 것보다 성공 확률이 훨씬 높게 됩니다.

또한 데밍 사이클은 어떤 목표에 한 번만 사용하는 것이 아니라, 계속 반복적으로 사용함으로써 생활의 질을 지속적으로 높여 나갈 수도 있습니다.

Q91 분임조 활동 중 대책안이 여러 개 나왔을 때 모두 실행해야 하나요? 아니면 그 중에 가장 효과적인 것만을 해야 하는지요?

 당연히 그 중 가장 효과적인 것만을 선택해서 실행해야 합니다.

따라서 어떤 대책안이 효과적인지를 판단할 필요가 있겠죠. 이를 위하여 많이 활용하고 있는 기법이 대책 수립 계통도이며, 이 계통도를 통하여 각 대책안에 대하여 경제성, 기술성, 작업성 등을 평가하여 어떤 대책안이 효과적인지를 판단합니다.

이 평가 항목은 대책안을 채택함에 있어서 현실적인 측면을 충분히 고려하고 있다는 의미입니다. 예를 들어 기술성도 좋고 현장 적용 방법도 손쉬운 아이디어가 있는데 시간과 투자비가 많이 들어가는 경우라면 어떻게 해야 할까요?

두 가지 측면만을 보고 모든 것을 결정하기에는 다소 무리가 있다는 것입니다. 기업에서 어떤 투자를 시행 시 반드시 경제성 측면을 평가하기 위하여 투자 수익률(ROI: Return on Investment) 분석을 실시하는 것이 바로 이런 이유 때문이라 할 수 있습니다.

흔히 우리가 발명품과 상품을 구분할 때 발명품이란 아이디어와 효과는 상당히 좋으나 가격적인 측면에서 수요자의 욕구를 만족시키지 못하기 때문에 상품화되지 못하고 있는 것인데 반하여, 상품화된 것을 보면 발명품보다 다소 아이디어나 효과 측면은 작지만 효용 가치(그 기능을 사기에 비용 지불이 적당한 정도)가 있기 때문에 시장에 나오게 되는 것과 같다고 생각할 수 있는 것입니다.

현재 기업에서 분임조 활동을 할 때 위의 3가지 평가 항목 중 일부 항목을 효과성이나 시급성 등으로 대체하여 사용하고 있으나, 이는 주제 선정 단계에서 이미 한 번 평가된 사항으로 평가의 중첩이 발생할 수 있으므로 사용에 신중을 기할 필요가 있습니다.

이런 평가 항목을 통하여 대책안 채택 방법은 평가 점수의 힙이 일정 점수 이상인 경우를 많이 활용하나, 이 점수에 해당하는 대책안이 너무 많을 경우에는 채택 기준 점수를 상향 조정하는 것도 필요합니다.

대책안 선정을 위한 실시 사례를 제시하면 다음 〈그림〉과 같습니다.

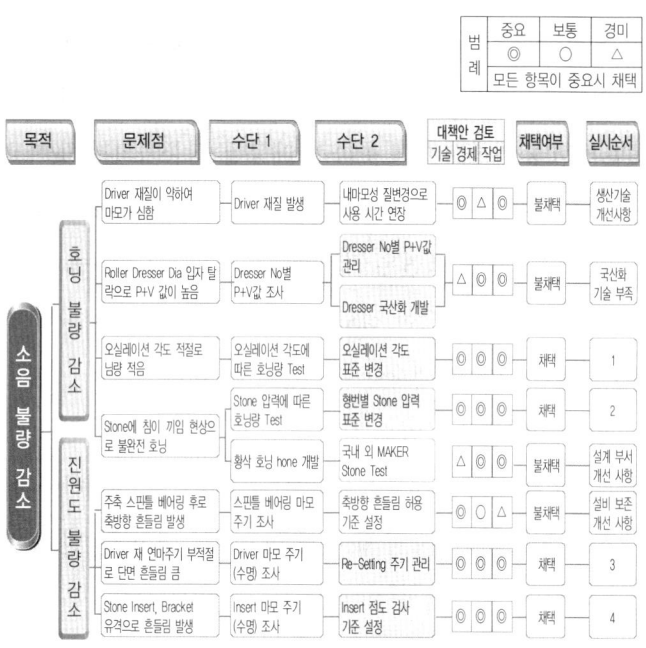

〈그림〉 대책안 수립 계통도 사례

Q92

대책 수립 계통도에서 대책안을 선정하기 위해 평가를 실시하고 있는데, 분임조마다 다양한 항목으로 평가를 하여 혼란스럽습니다. 어떻게 하는 것이 좋은 평가 방법인가요?

A 충분히 이해가 됩니다.

필자가 분임조 문집들을 보아도 다양한 평가 항목들을 적용하고 있었습니다. 물론 어느 것이 옳고 어느 것이 그르다고 단언할 수는 없지만, 분임조원들께서 대책 수립의 의미를 이해한다면 아주 엉뚱한 평가 항목의 사용은 지양되리라 봅니다.

대책 수립이란 원인 분석에서 나타난 주요 요인을 제거(또는 감소)시키기 위해 아이디어를 발상하는 것입니다. 미지의 문제를 풀기 위해 과거의 여러 경험을 동원하지만, 이것만으로는 한 가지 이상의 대안을 도출하기에는 한계가 있어 어떤 목적을 달성하기 위해 다양한 수단을 도출할 수 있는 아이디어 발상 기법을 동원하게 됩니다.

이렇게 하여 다양한 대안들이 도출되면 이제 남은 것은 이 아이디어(수단) 중 가장 적합한 것을 선택하는 것입니다.

따라서 이렇게 도출된 아이디어를 평가하는데 가장 적절한 평가 항목이 무엇인가를 판단하면 됩니다.

필자가 주로 사용하는 평가 항목은 경제성, 기술성 그리고 효과성입니다. 이 3가지 항목을 통하여 아이디어를 평가하면 무리가 없는 것 같습니다. 이 3가지 평가 항목에 대한 의미를 설명 드리겠습니다.

첫째, 경제성

이는 아이디어 적용 시 투자 비용 대비 회수 금액이 적절한가를 평가하는 것으로, 효과성이라고도 할 수 있습니다. 투자 비용이 너무 많이 들어가는 활동은 분임조가 실시할 수 있는 대책안으로는 적절하지 못할 수 있기 때문입니다.

둘째, 기술성

대책안을 실시하는 것이 분임조 자체 기술 능력으로 가능한지를 평가하는 것으로, 기술성이 너무 떨어지면 분임조 활동이라기 보다는 제안 활동이 되기 쉬우며, 때로는 외부 전문 기관에 용역을 통하여 실현이 가능한 것이기 때문에 분임조에서 채택하기에는 바람직하다고 보기 어렵습니다.

셋째, 작업성

대책안 실시 후 개선 내용이 작업(업무)을 하는 데 있어 불편함이 없는지를 확인하는 것입니다. 효과는 좋으나 그것을 현장(사무)에 적용할 때 작업 표준화가 힘들다면 결코 좋은 방법이라 할 수 없기 때문입니다.

Q93 개선 활동 실시 후, 그 활동 결과를 파레토도로 나타내는 방법을 알려 주세요.

A 파레토도는 개선 활동에 있어서 현상 파악이나 효과 파악 단계에서 많이 사용되는 기법으로, 개선 전 단계에서는 가장 큰 문제가 무엇인지를 찾는데 사용되며, 개선 후 단계에서는 개선 전의 가장 컸던 문제점이 얼마나 개선(정량적)되었는지를 한눈에 볼 수 있는 좋은 기법입니다.

이에 대한 사례를 보여 드리면 다음 〈그림〉과 같습니다.

대부분 파레토도 작성 시 부적합 건수만을 나타내는 경우가 많은데, 개선 전과 후의 검사 수가 많이 차이가 날 때에는 부적합 건수만 가지고 개선 여부를 판단하기는 어려우므로 부적합 증상별 부적합품률을 가지고 판단해야 정확합니다.

현재 제시된 사례에서는 개선 전과 후의 검사 수량이 비슷하므로 부적합 수만 가지고 비교해도 무리는 없습니다.

개선 후(부적합 수 : 3,933개) 부적합이 개선 전(부적합 수 : 7,158개)보다 대략 50% 감소한 것을 알 수 있습니다.

세부적으로 분석해 보면 개선 전에는 '막 떨어짐' 부적합이 1위로서 전체 부적합의 64.4%(총 부적합 개수 7,158개 중 4,540개)이었던 것이, 개선 활동을 통하여 이를 집중 개선한 결과 75% 정도가 개선(개선 전 : 4,540개 → 개선 후 : 1,597개)되었으며, 전체 부적합 순위에서도 1순위가 아니라 '얼룩' 다음으로 2순위가 되었음을 알 수 있습니다.

또한 개선 전과 후의 부적합품률 파레토도를 나타낼 경우라면 개선 전과 후의 부적합품률 눈금 높이를 같게 하여 직관적으로 개선 전과 후의 부적합이 얼마나 줄었는지를 알게 하는 것도 좋은 방법입니다.

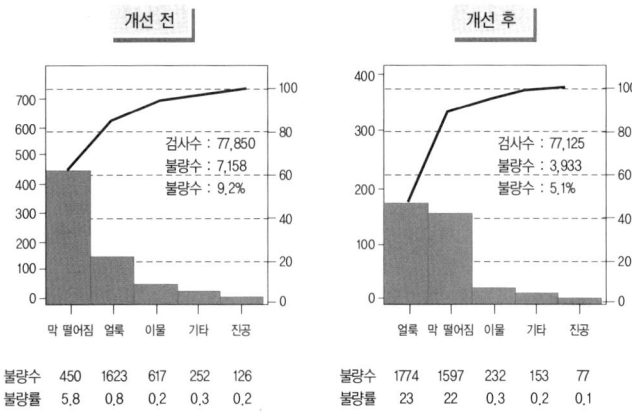

〈그림〉 부적합 개선 사례(미니탭 사용)

Q94 효과 파악 시 대책 실시에서 이미 검증된 효과 전체를 최종 집계하는 부분은 이해가 되는데, 현상 파악을 반복해야 한다는 의미가 무엇인지 이해가 어렵습니다.

A 현상 파악을 반복해야 한다는 뜻은 분임조 활동 전의 상태가 개선 활동 후에는 어떻게 변했는지를 파악해야 한다는 뜻입니다.

이해가 어려우시다니 분임조 활동 사례를 예로 들어 설명 드리겠습니다.

주제 선정을 하고 나면 선정된 주제에 대한 현상을 일반적으로 〈그림 1〉과 같이 파레토도를 사용하여 실시합니다.

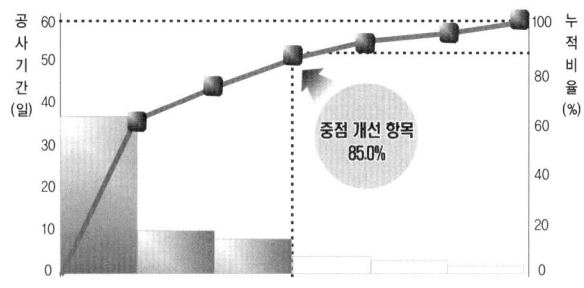

구분	콘크리트 타설	방수	후크	토공	가시설	기타	합계
소요 일수	38	7	6	4	3	2	60
누적 일수	38	45	51	56	58	60	↵
점유율(%)	63.3	11.7	10.0	6.7	5.0	3.3	100
누적률(%)	63.3	75.0	85.0	91.7	96.7	100	↵

〈그림 1〉 현상 파악 파레토도

〈그림 1〉의 사례에서는 공사 기간이 긴 '콘크리트 타설', '방수', '후크' 공정에 대하여 공사 기간 단축 목표를 〈그림 2〉와 같이 수립하였습니다.

개선 전 대비 10일간의 공사 기간 단축을 목표로 하였는데 세부 목표를 살펴보면 '콘크리트 타설' 공사 기간 4일 단축, '방수' 공사 기간 3일 단축, '후크' 공사 기간 3일 단축으로 설정한 것을 알 수 있습니다.

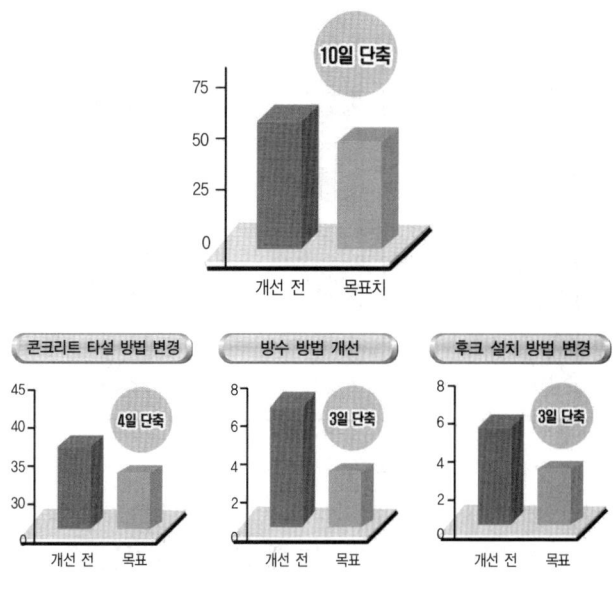

〈그림 2〉 전체 및 세부 목표 설정

목표 달성을 위해 〈그림 3〉과 같이 대책 1, 대책 2, 대책 3을 실시하였을 경우, 대책안별 개선 효과는 PDCA 사이클 중 각각의 C단계에서 확인할 수가 있겠죠.

하지만 모든 대책을 종합한 효과는 〈그림 3〉에 표기한 내용과 같이 각 대책의 효과를 종합해 보아야 알 수 있게 됩니다.

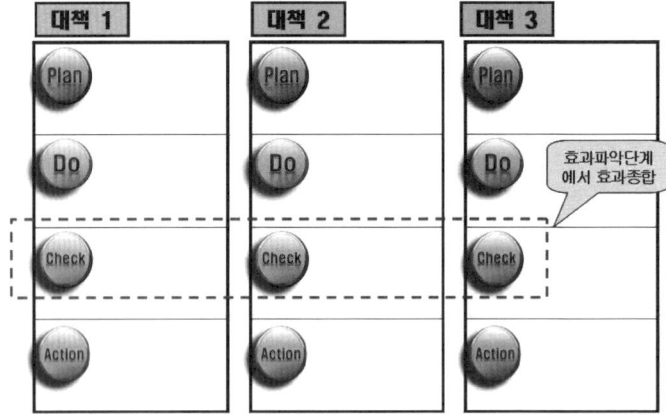

〈그림 3〉 대책 실시 모형

 종합 효과를 개선 전과 비교해 보기 위해서는 〈그림 4〉와 같이 개선 전의 상태, 즉 현상 파악 단계의 내용과 동일한 상태에서 개선 후의 상태를 비교해 보아야 정확한 개선 정도를 파악할 수가 있는 것입니다.

 이 의미를 현상 파악을 반복하는 것이라고 이해하시면 됩니다.

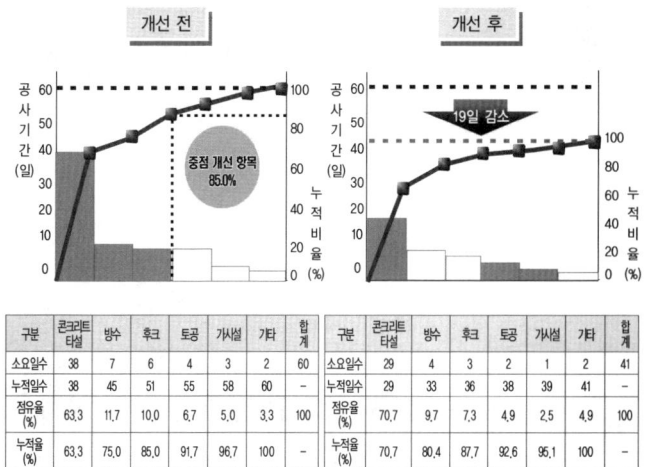

구분	콘크리트 타설	방수	후크	토공	가시설	기타	합계
소요일수	38	7	6	4	3	2	60
누적일수	38	45	51	55	58	60	-
점유율(%)	63.3	11.7	10.0	6.7	5.0	3.3	100
누적율(%)	63.3	75.0	85.0	91.7	96.7	100	-

구분	콘크리트 타설	방수	후크	토공	가시설	기타	합계
소요일수	29	4	3	2	1	2	41
누적일수	29	33	36	38	39	41	-
점유율(%)	70.7	9.7	7.3	4.9	2.5	4.9	100
누적율(%)	70.7	80.4	87.7	92.6	95.1	100	-

〈그림 4〉 개선 전과 후의 비교

Q95 분임조 활동 시 개선을 하게 되면 성과 도출을 해야 하는데, 성과 도출을 하는 요령이나 기법이 있으면 알려 주세요.

A 성과 도출을 하기 위해서는 우선 문제점에 대한 현상 파악 시 현재 발생되는 문제의 상태를 정량화(수치화)해야 합니다.

문제를 그냥 정성적으로 'oo발생'이나 'oo개선'으로만 정리하면, 개선 후에도 현재의 문제점이 얼마나 개선되었는지를 비교하기가 어렵게 됩니다.

때문에 'oo발생'인 경우에는 부적합이라면 '부적합품률'로, 클레임이라면 '클레임률'로 표기해야 하고, 'oo개선'이라면 납기 준수율, 이직률, 안전 사고율, 회합률 등의 지표로 표기해야 합니다.

때에 따라 정량화하기 어려운 문제점도 나오겠지만 고민을 해 보면 모든 현상은 정량화가 가능합니다.

대부분의 학자들은 어떤 상태를 수치화하지 못한다는 것은 그 업무(문제)에 정통하지 못하기 때문이라고 합니다. 더불어 어떤 상태(문제)를 수치화하지 못하면 그것을 관리할 수가 없고, 관리할 수 없다면 그것을 개선할 수 없다고들 합니다.

하여간 성과 도출을 위해서는 우선 문제를 수치화해야 한다는 것이며, 개선 후에 성과를 도출하는 방법으로는 개선전의 상태와 개선 후의 상태를 비교하여 유형 효과를 산출하는 것이 가장 이상적입니다.

이에 대한 실시 사례를 보여 드리면 〈표 1〉과 같습니다.

〈표 1〉 유형 효과 산출 사례

구분		개선 전	개선 후	효과
실시 효과	정비 공수 절감	• 172건의 정비 공수 − 1,087hr(135.9MD) • 금액 : − 135.9MD×77,000원 = 10,464,300원	• 16건의 정비 공수 − 56hr(7.0MD) • 금액 : − 7.0MD×77,000원 = 539,000원	9,925,300원
	소요 자재 절감	• 베어링 : 10set/년 = 17,400,000원 • 그랜드 패킹 : 30lbs / 년 = 2,670,000원	• 베어링 : 3set/년 = 5,220,000 • 그랜드 패킹 : 10lbs / 년 = 890,000원	13,960,000원
투자 비용		• 자동 주유기 12set = 540,000원 • 기초 볼트 24set = 192,000원 • 무수축 고강도 그라우트(특수 시멘트) 45포 = 495,000원 **합계 : 1,227,000원**		
연간 절감액		9,925,300원 + 13,960,000원 − 1,227,000원 = **22,658,300원**		

요즘은 많은 기업에서 6시그마 활동을 많이 도입하는 까닭으로, 성과 표현 시 개선 전 시그마 수준과 개선 후의 시그마 수준을 비교하여 개선 정도를 표기하기도 합니다.

6시그마 활동을 실시하여 성과 도출한 사례를 보여 드리면 〈표 2〉와 같습니다.

〈표 2〉 6시그마 성과 도출 사례

〈개선 효과〉	개선 단계 (Improve)		
항 목	개선 전	개선 후	효과 금액 / 향상률
총 검사수(ea)	1,438,100ea	347,352ea	※ 품질 향상률 : 53.5% (목표치 : 50%)
불량수(ea)	12,945ea	1,457ea	30,042,000원 / 년
불량률(ppm)	9,001ppm	4,194ppm	10년 10월 기준 1,669개 효과
σ 수준	3.87σ	4.14σ	(1,669개×1500원)×12개월 2,503,500×12=30,042,000

※ 시그마 수준은 단기(short term : Zst)임.

Q96 분임조의 업무에 관련된 주제만을 찾아 활동하는 것이 바람직한지요?

A 네, 그렇습니다.

분임조란 근본적으로 본인이 속한 공정(업무)의 문제점을 스스로 찾아 자주적으로 해결하자는 뜻에서 출발한 것입니다.

그래서 분임조 활동을 '자주 개선 활동'이라고 하는 것이고, 분임조 활동의 주제 선정 단계에서 주제 선정 평가 시 '해결 가능성'을 검토하도록 하고 있죠.

즉, 해결 가능성이란 바로 자기 분임조의 자주적인 힘으로 문제를 해결할 수 있는가를 서로 검토하는 것이지요. 만약 다른 분임조나 타부서의 많은 협조가 필요한 주제라면 오히려 다른 분임조나 타부서에서 실시하는 것이 오히려 적절하기 때문입니다.

이에 반해 제안은 자신의 업무나 소속 부서의 제안은 삼가야 합니다. 오히려 타부서의 업무에 대하여 본인이 생각하는 아이디어를 제공함으로써 회사 업무의 효율성을 제고하는 것이 좋습니다.

Q97
분임조나 제안 활동 효과 파악에 있어서 직접 효과, 간접 효과, 파급 효과 등이 발생할 수 있는데, 효과는 어느 범위까지 포함시켜야 되는지 설명해 주십시오.

우선 용어를 명확히 정의하는 것이 필요할 것 같군요.

일반적으로 개선 활동에서는 유형 효과와 무형 효과로만 구분을 하지, 직접이냐 간접이냐 파급이냐 하는 것은 대체로 사용하지 않는 용어입니다.

귀사에서는 이를 별도로 구분하여 사용하신다면 그에 대한 구분 사례를 들어 주셨으면 더욱 명쾌한 답변이 되었을 것 같습니다.

필자가 나름대로 정의해 본다면 직접 효과란 직접 재료비, 직접 노무비, 직접 경비의 절감을 의미하고, 간접 효과란 간접 재료비, 간접 노무비, 간접 경비의 절감을 의미한다고 볼 수 있으며, 파급 효과란 개선 결과로 타제품이나

타업무에 미치는 추가적인 효과라고 생각됩니다.

이를 좀 더 구체적으로 정의하면 다음 〈표〉와 같습니다.

〈**표**〉 직·간접 원가 사례

구분	대분류	중분류	소분류	비고
제조 원가	제조 직접비	직접 재료비	원재료비	보조 재료비도 포함
			부품비	
		직접 노무비	작업자 임금	
			작업자 잡금	
			작업자 상여금	
		직접 경비	금형비	특허권 미사용 시는 해당 안 됨
			설계·조사비	
			특허권 사용료	
			외주 가공비	
	제조 간접비	간접 재료비	보조 재료비	
			소모품비	
			소모 공구비	
		간접 노무비	간접 작업 임금	
			간접 작업 상여금	
			법정 복리후생비	
			기타	
		간접 경비	복리후생비	임차료, 운임료, 공과금, 여비·교통비, 접대비 등 많은 항목이 있음
			보험료	
			전력료	
			가스료	
			수도료	
			감가상각비	
			기타	

즉 제조 직접비에 관련된 항목이 개선되면 직접 효과로 볼 수 있으며, 제조 간접비에 관련된 항목이 개선되었으면 간접 효과로 볼 수 있으나, 일반적으로 효과 파악에서는 직접 효과만을 계산하는 것이 좋습니다.

단, 사무 부문에서 개선 활동을 하였다면 간접 효과가 주 효과가 될 수 있습니다.

파급 효과란 다른 제품이나 다른 프로세스에 적용 시 기대되는 효과로서 효과 파악 대상에서 제외하는 것이 좋습니다.

단, 제안 활동 결과 평가 시에는 평가 항목에 '파급 효과' 항목을 평가하여 평점 시 가점을 하는 경우가 많이 있습니다.

Q98 분임조 활동을 하다 보면 어느 정도 진행되어 가다가 마무리 단계인 효과 파악에서부터 진행이 어렵습니다. 효과 파악을 제대로 할 수 있는 방법을 알고 싶습니다.

A 효과 파악은 크게 유형 효과와 무형 효과로 나누어 파악할 수 있습니다.

유형 효과란 효과의 크기를 금액으로 정량화할 수 있는 효과로서, 이를 원활하게 하기 위해서는 원가에 대한 기초적인 개념을 공부해야 합니다.

그래야 자신이 개선한 것이 원가의 어느 부분이며, 그 부분의 구체적인 개선 효과를 어떻게 표현해야 할지를 알 수 있습니다.

이를 위하여 회사의 매출액, 비용, 이익 간의 관계를 설명 드리면 다음과 같습니다. 우선 매출액이란 우리 회사에서 판매한 총 금액을 말하며, 이 금액은 제품을 만들기 위해 들어간 비용(매출 원가 = 제조 원가)과 이를 팔기 위해 들어간 비용(판매 관리비), 그리고 이익으로 구성됩니다.

이들 간의 연관 관계를 도식화 해 보면 다음과 같습니다.

매출액	총비용	변동비	제조원가	재료비
				노무비
		고정비		경 비
			판매비 및 일반 관리비	
			지급 이자	
	이　　익			

여기서 우리가 분임조 활동을 통하여 개선하고자 하는 금액은 주로 제조 원가(매출 원가) 부분이 됩니다.

그럼 제조 원가 구성은 어떻게 되는지 간략하게 살펴보면 다음과 같습니다.

제조원가	재료비	자재 구입비(원재료, 부재료)
	노무비	월급(기본급, 수당, 상여금 등)
	경비	복리 후생비(식대, 경조사비 등), 교육훈련비 도서 인쇄비, 전력료, 수도료, 소모품비(작업용, 사무용), 감가 상각비 등

다음으로 무형 효과란 효과는 기대되나 그것을 정확히 정량화할 수 없는 효과를 의미하며, 일반적으로 자신감이 생겼다던가, 품질 의식이 향상되었다던가, 안전성이 향상되었다는 방법으로 표현하고 있습니다.

그러나 좀 더 좋은 표현의 무형 효과는 해당 주제와 연관되어서만 나타날 수 있는 효과를 구체적인 내용으로 표현하는 것이 좋습니다.

예를 들어 '○○에 대한 구성 원리 이해', '○○ 작업에서 ○○ 위험성 감소', '○○하기 전에 ○○하는 것이 습관화' 등으로 표현하는 것이 바람직하다고 볼 수 있습니다.

Q99 개선 활동 효과 파악에 있어서 모두들 어려워합니다. 기본적인 유형 효과 산출 방법을 알려 주세요.

A 유형 효과란 개선 활동의 결과로 인하여 향후 1년간 금액적으로 절감이 예상되는 정도를 표현하는 것입니다. 이를 표현할 때에는 다음과 같은 기본적인 사고를 가져야 합니다.

(개선 전 ○○ - 개선 후 ○○) × 개당 제조 원가 × 1년 생산량

상기 표현 방법을 기본으로 개선 형태에 따라 다양하게 응용할 수가 있습니다.

예를 들어 부적합품을 개선하였는데 부적합품 발생이 모두 폐기하여야 한다면 {개선 전 부적합품률(%) - 개선 후 부적합품률(%)} / 100 × 개당 제조 원가 × 월평균 생산량 × 12개월로 산출하면 되는 것입니다.

만약 부적합품 발생 시 이를 폐기하지 않고 재작업하는 것이라면

{개선 전 부적합품률(%) - 개선 후 부적합품률(%)} / 100 × 개당 재작업 시간 × 시간당 임률 × 월평균 생산량 × 12개월로 산출하면 되지요.

Q100 개선 활동에 있어 효과 파악은 어떻게 적용하는지 알고 싶습니다. 예를 들어 설명해 주십시오.

A 개선 활동 후 유형 효과 파악에 대하여 대부분의 분임조에서 어려워하고 있는 것 같습니다.

이를 해결하기 위하여는 원가에 대한 개념을 조금은 공부해야 합니다.

그래야 자신이 개선한 것이 원가의 어느 부분이며, 그 부분의 구체적인 개선 효과를 어떻게 표현하여야 할지를 알 수 있기 때문입니다.

우선 매출액이란 우리 회사에서 판매한 총 금액을 말하며, 이 금액은 제품을 만들기 위해 들어간 비용(매출 원가 = 제조 원가)과 이를 팔기 위해 들어간 비용(판매 관리비)로 구성됩니다.

여기서 우리가 제안이나 분임조 활동을 통하여 개선하고

자 하는 금액은 주로 제조 원가(매출 원가) 부분이 됩니다.

그럼 제조 원가 구성은 어떻게 되는지 간략하게 살펴보면 다음 〈표 1〉과 같습니다.

〈**표 1**〉 제조 원가 구성 요소

제조원가	재료비	자재 구입비(원재료, 부재료)
	노무비	월급(기본급, 수당, 상여금 등)
	경 비	복리 후생비(식대, 경조사비 등), 교육훈련비, 도서 인쇄비, 전력료, 수도료, 소모품비(작업용, 사무용), 감가 상각비 등

또한 재료비, 노무비, 경비 중 어느 항목이 개선되었을 때에 이에 대한 유형 효과 산출식을 몇 가지 예를 들어 설명 드리면 다음 〈표 2〉와 같습니다.

〈표 2〉 제조 원가 절감 시 유형 효과 산출 방법

구 분		유형 효과 산출식
제조 원가	재료비	부적합 감소 시 (부적합품을 버려야 할 경우)	월 생산량 × [〈개선 전 부적합품률(%) - 개선 후 부적합품률(%)〉 ÷ 100] × 생산 단가 × 연간
		원가 절감 활동 시	월 생산량 × (개선 전 단위당 재료비 - 개선 후 단위당 재료비) × 연간
	노무비	부적합 감소 시 (부적합을 재작업할 경우)	월 생산량 × [〈개선 전 부적합품률(%) - 개선 후 부적합품률(%)〉 ÷ 100] × 부적합품 재작업 시간 × 1인당 평균 인건비(시간당 임율) × 연간
		작업 시간(S/T) 단축 시	월 생산량 × (개선 전 S/T - 개선 후 S/T) × 1인당 평균 인건비(시간당 임율) × 연간
		공수 감축 시	(개선 전 유실 공수 - 개선 후 유실 공수) × 1인당 평균 인건비 × 연간
	경비	전력료 절감 시	(개선 전 월간 단위당 전력 사용량 - 개선 후 월간 단위당 전력 사용량) × 단위당 가격 × 연간
		소모품 절감 시	(개선 전 월간 단위당 소모품 사용량 - 개선 후 월간 단위당 소모품 사용량) × 개당 소모품 단가 × 연간
		설비 투자비 절감 시	(기존 투자비 - 실제 투자비) × (1/ 내용 연수) × 이자율
		금형 수정비 절감 시	(개선 전 금형 수리 비율 - 개선 후 금형 수리 비율) × 개선 전 금형 수리비 × 금형 수리 비율 = 해당 연도 제작 금형 수리비/해당 연도 제작 금형비
		물류비 절감 시	대당 물류 원단위 절감액 × 연 적용 수량

Q101 효과 금액 산출 시 경비, 노무비, 재료비와의 정확한 차이 및 중요성을 비교해 주세요.

A 재료비, 노무비, 경비를 원가의 3대 요소라 하며, 이들을 모두 더하면 어떤 물품을 만드는데 들어가는 제조 원가가 됩니다.

원론적인 이야기인지 모르겠지만 기업의 목적을 크게 2가지로 볼 때 첫째는 이익 창출이고, 둘째는 사회 공헌이 될 것입니다. 사회 공헌이란 기업이 이익 창출을 통하여 생존할 수 있어야만 가능한 것이며 생존하기 위해서는 이익 창출을 해야 한다는 뜻인데, 이익 창출을 위해서는 적은 돈을 들여 물건을 만들어 이익을 많이 내는 것이 관건이라 할 수 있습니다.

그런데 막상 얼마의 비용을 들여 얼마의 이익을 창출하고 있는지에 대한 의식은 대부분의 현장에서는 관심이 없으며, 그저 원가, 손익하면 재무팀이나 경리과의 일로 생각하기 때문에 원가 경쟁력이 향상되지 않습니다.

이제 무한 경쟁 시대에서 기업이 살아남기 위해서는 제조 현장에서도 기본적인 원가 의식을 갖고 모든 낭비 요소를 제거해야 할 때가 왔다고 인식해야 합니다.

사실 지금 우리나라의 제품 경쟁력이 낮아지고 있는 가장 큰 이유 중의 하나가 제조 원가입니다. 제품 가격이 중국보다 높기 때문에 물건을 시장에 내놓을 수가 없을 지경에 이르렀기 때문이다.

그럼 제조 원가란 회사의 이익 창출에 어떻게 관련되는가를 간략히 살펴보면

매출액 = 제조 원가 + 영업 외 손익 + 특별 손익 + 이익이 됩니다.

즉, 이익 = 매출액 − 제조 원가 − 영업 외 손익 − 특별 손익이 될 수 있다는 것입니다.

따라서 이익을 많이 내기 위하여는 제조 원가를 최소화해야 합니다.

앞부분에서 잠깐 언급하였지만 제조 원가 = 재료비 + 노무비 + 경비로 구성되기 때문에 제조 원가를 낮추기 위하여는 재료비, 노무비, 경비를 최소화해야 한다는 결론이 나

올 수밖에 없는 것은 자명한 일이기 때문에, 제조 원가 구성 요소를 조금 더 이해하고 분임조 개선 활동에 활용하면 보다 낳은 성과가 기대됩니다.

첫째, 재료비란 제품을 만드는데 소요되는 원재료(원자재) 및 부재료(부자재) 비용을 의미합니다.

둘째, 노무비란 급여, 상여금, 각종 수당, 퇴직 충당금을 의미합니다.

셋째, 경비란 제품을 만들기 위해 투입되는 재료비, 노무비 이외에 복리 후생비(식대, 출퇴근 교통비, 건강 진단비, 의료 보험료, 국민연금, 고용 보험료, 등), 교육훈련비, 도서인쇄비, 소모품비, 접대비, 전력비, 연료비, 수도료, 가스료, 보험료, 제세 공과금, 감가 상각비, 차량 유지비, 운반비, 수선비, 지급 수수료 등을 의미합니다.

결론적으로 이야기하면 재료비, 노무비, 경비란 제조 원가의 구성 요소로서, 이를 절감하지 않으면 제품의 가격 경쟁력이 떨어져 결국 기업의 존속에 큰 영향을 미친다는 것을 깨달아, 각자 각자가 자기 부문에서 제조 원가를 최소화함으로써 기업의 가격 경쟁력을 높여야 한다는 것을 명심해야 합니다.

Q102

분임조 개선 활동 과제로 현장 5S와 같이 데이터를 수치로 명확히 나타낼 수 없을 때는 어떻게 해야 현상 내지는 효과를 객관적으로 나타낼 수 있을까요?

A 현장 청정 활동(5S)이 왜 수치화할 수 없습니까?

분임조 간 활동의 모든 테마는 수치화가 가능합니다.

단지 분임조원들이 현재 테마에 대한 수치화 표현 방법을 찾는데 다소 미숙한 경우가 많이 있습니다.

귀 분임조의 경우는 〈청정 활동 체크리스트〉를 만들어 라인별로 채점을 하거나 장소별로 채점을 하여 현상 파악을 실시한 후 이를 막대그래프로 표현하면 됩니다.

예를 들면 〈그림 1〉과 같습니다.

청정활동 채점현황

- 조사 기간 : 2012. 9. 6 ~ 9. 18
- 조사 근거 : 일자별 청정 체크리스트
- 조 사 자 : 김 창 남
- 조사 방법 : 매일의 채점 결과 평균

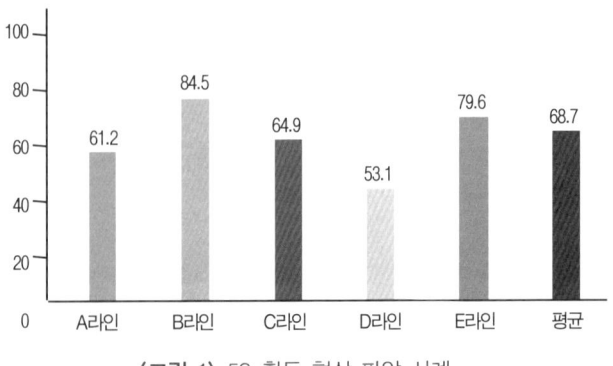

〈그림 1〉 5S 활동 현상 파악 사례

이럴 경우 개선 대상을 최저 점수가 나온 D라인을 집중 개선할 수 있고, 70점 미만의 라인을 대상으로 개선할 수도 있습니다.

때에 따라서는 전체 라인을 대상으로 하여도 됩니다.

개선 효과 측면에서는 현재 채점 평균치, 목표치, 활동후 결과치로 대비하여 막대그래프로 나타내면 되겠지요.

예를 들면 〈그림 2〉와 같습니다.

청정활동 효과 파악

- 조사 기간 : 2013. 1. 5 ~ 1. 18
- 조사 근거 : 일자별 청정 체크리스트
- 조 사 자 : 김 창 남
- 조사 방법 : 매일의 채점 결과 평균

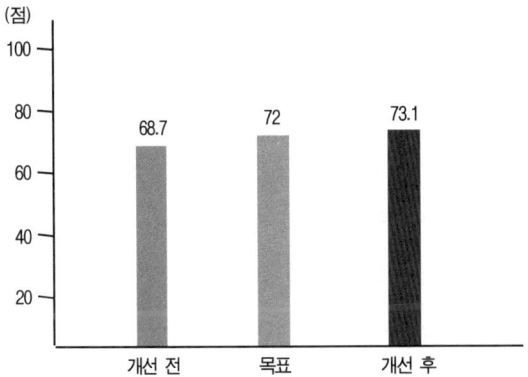

〈그림 2〉 5S 활동 효과 파악 사례

Q103 분임조 활동 시 테마 완료 후 효과를 파악할 때 무형 부분을 산출하는 방법을 알고 싶습니다. 무형 효과가 품질 향상이라면 어떤 것을 분석해서 무형 효과로 산출할 수 있는지 알고 싶습니다.

A 무형 효과란 효과는 기대되나 그것을 정확히 정량화할 수 없는 효과를 지칭합니다.

일반적으로 자신감이 생겼다던가, 품질 의식이 향상되었다던가, 안전성이 향상되었다는 것들이지요.

그러나 좀 더 좋은 표현의 무형 효과는 해당 주제와 밀착되어 있으며, 구체적인 내용으로 표현하는 것이 좋습니다.

예를 들어 '○○에 대한 구성 원리 이해', '○○ 작업에서 ○○ 위험성 감소', '○○하기 전에 ○○하는 것의 습관화' 등으로 표현하는 것이 바람직하다고 볼 수 있습니다.

귀하가 질문하신 '품질 향상'에 대해서라면 '○○ 검사 방법이 표준화' 되었다거나, '○○ 방법이 용이'하게 되었다거나,

Q104 효과 파악에서 유형 효과 파악은 그런대로 나오는데, 무형 효과 파악이 애매합니다. 특별한 기술이 있나요?

A '○○ 오차가 감소' 했다거나 하는 표현이 있을 것 같습니다.

대부분의 분임조가 유형 효과 파악에 대해서는 중요시하고 있으나 무형 효과 파악은 등한시하는 경우가 대부분입니다.

이는 회사 경영자나 분임조 활동 주관 부문에서 무형 효과에 대한 관심을 보이지 않고 있는 데에도 큰 원인이 있습니다.

사실상 무형 효과란 유형 효과와 동일한 정도의 효과로 중요하게 인식해야 합니다. 왜냐하면 무형 효과란 어떤 개선 활동 결과 회사 차원에서는 분명히 효과가 발생하고 있으나, 이를 수치로 표현하기에는 다소 정확성이 결여될 수 있기 때문에 정성적으로 표현한 것이기 때문입니다.

따라서 분임조 측면에서도 무형 효과 파악의 진정한 의미를 알고 이에 상응하는 내용이 도출될 수 있도록 노력을 해야 합니다.

현재 대부분의 분임조가 무형 효과 파악은 분임조 활동 단계에서 그저 하라니까 형식적으로 기재하는 정도에 지나지 않고 있습니다.

때문에 어느 회사나 아니 어느 분임조나 무형 효과 파악 내용을 살펴보면 천편일률 분임조적으로 어떤 주제를 해결해도 나올 수 있는 효과를 파악하고 있습니다.

때에 따라 어느 주제를 해결해도 나올 수 있는 무형 효과를 한두 건 정도는 표시할 수도 있지만, 가능하면 그 주제를 해결함으로써 발생되는 구체적인 무형 효과를 도출하는 것이 바람직합니다.

일반적으로 도출하고 있는 무형 효과와 앞으로 각 분임조에서 지향해야 할 무형 효과 표현 방법을 사례를 들어 다음 〈표〉에 제시하니 향후 분임조 활동 시 무형 효과를 도출하시는데 참고하시기 바랍니다.

〈표〉 올바른 무형 효과 도출 방법

나쁜 표현 방법

- 품질 의식 향상
- 고취 분임조원 상호간 협동심 향상
- 문제를 해결했다는 자부심 향상
- 공정에 대한 애착심 인식
- 원가 절감 및 개선 의식 향상
- 분임조 활동에 대한 인식 제고
- 문제 해결 능력 배양
- 개선의 보람과 자신감 성취
- 분임조원 간의 대화 활성화
- 상호 단결력 재인식
- 품질 부적합에 대한 관심도 향상
- 라인에 대한 신뢰회복
- '하면 된다'는 자신감 고취

좋은 표현 방법

- ○○에 대한 특허 출원
- ○○ 설비에 대한 제원 이해
- ○○ 회로 기술 습득
- 납기 준수를 위한 생산량 확보
- 설비 점검 및 청소 시간 단축
- 생산량 증대로 인한 회사 이익 향상
- ○○ 개선 부위 체크시트 제정
- 안전 사고 발생 건수 감소
- ○○ 작업 환경 개선
- ○○ 라인 애로 공정 해소
- ○○ 자동 컨트롤을 통한 ○○ 로스 감소
- 소성 공정에 대한 공정 관리 기술 습득
- ○○ 소음 감소에 의한 작업 환경 개선

Q105 개선 활동을 시작할 때의 예상과 달리 무형 효과가 많을 경우에도 계속 진행해야 할까요?

A 당연합니다. 무형 효과란 것이 효과가 없다는 것이 아니라 효과가 있지만 그것이 눈에 보이는 데이터로 산출하기가 어렵고, 혹시 산출을 하더라도 정확성이 결여되기 때문에 굳이 산출은 하지 않고 무형 효과라고 표현을 하는 것입니다.

그러므로 무형 효과도 회사의 경영 이익 기여나 제품(또는 업무) 개선 효과가 있는 것이 확실합니다. 무형 효과만 발생하더라도 현재까지 진행된 개선 활동을 무효화할 필요는 없습니다.

단지 귀 분임조에 한 가지 권해 드리고 싶은 사항은 개선 활동을 통하여 나타나는 결과가 수치로 산출이 가능한데, 그 방법을 몰라 무조건 무형 효과로 표현하고 있는 것은 아닌지 다시 한번 자세히 검토해 보시기 바랍니다.

Q106 대책 수립 및 실시까지는 완료하였는데 효과 파악 기간이 너무 오래 걸립니다. 효과 파악 기간은 어느 정도가 적당한지요?

 지금 효과 파악 기간을 어느 정도로 하고 있는지 모르겠군요.

기본적으로 효과 파악 기간은 현상 파악 기간과 동일한 것이 가장 이상적입니다. 일반적으로 1주일 또는 1개월이 보편적입니다.

이를 근거로 하여 유형 효과는 향후 1년간 발생할 효과를 산출하는 것입니다.

효과 평가 기간에 대하여 좀 더 구체적으로 말씀드리면 가장 중요한 점은 얼마만큼의 기간을 효과 파악을 해야 대표성 있는 값이 나오는가를 잘 판단해야 합니다.

한 달간 작업량이나 부적합 발생 상황이 매일 같은 정도라면 극단적으로 하루만 효과 파악을 실시한 뒤 이를 월이나 연도 값으로 치환하여 유형 효과를 산출하면 되는 것입니다.

만약 1주일 정도 작업 결과가 대표성이 있다면 이를 근거로 월이나 1년간의 유형 효과를 파악하면 되는 것입니다.

물론 효과 파악 기간은 길면 길수록 정확도는 높아지겠지만 이를 조사하기 위해 많은 시간과 인력을 소비하는 것 또한 바람직하다고 볼 수는 없습니다.

요즘 유행하는 6시그마 같은 경우라면 재무 성과의 정확도를 높이기 위해 재무 부서의 확인도 받기는 하지만, 분임조를 통한 개선 활동은 그렇게까지 하는 것이 오히려 활동을 어렵게 할 수도 있기 때문입니다.

Q107
모든 개선 활동에 있어 유형 효과를 우선하는데 무형 효과를 유형 효과화할 수 있는 방법은 없나요?

A 대부분의 기업에서 개선 활동 결과 유형 효과 파악에 대하여는 중요시하고 있으나 무형 효과 파악은 등한시하는 경우가 대부분입니다.

이는 첫째, 회사 경영자나 분임조 활동 주관 부문에서 무형 효과에 대한 관심을 보이지 않고 있는 데에 큰 원인이 있으며, 둘째, 개선 활동을 실시한 팀(분임조)에서 유형 효과화할 수 있는 사항인데도 불구하고 원가 이론에 대한 지식이 부족해 무형 효과로 취급해 버리는 데 있습니다.

특히 지금 질문처럼 무형 효과를 유형 효과화하고자 하는 사항들이 이런 경우에 해당되는 사항일 수도 있습니다.

유형 효과로 산출이 가능한 개선 결과는 반드시 개선 전·후의 변화를 데이터(정량적)로 측정할 수 있어야 한다는 원칙을 알아야 합니다.

즉, 부적합 감소, 시간 단축, 생산량 증가, 수율 증가 등이 대표적이겠지요.

반면에 개선 효과는 있으나 개선 전·후의 정확한 데이터 측정이 어려운 경우도 많습니다.

예를 들면 다음과 같습니다.

1) 00에 대한 특허 출원
2) 00 설비에 대한 제원 이해
3) 00 회로 기술 습득
4) 설비 점검 및 청소 시간 단축
5) 00 개선 부위 체크시트 제정
6) 작업 환경 개선
7) 소성 공정에 대한 공정관리 기술 습득

이런 경우라면 억지로 유형 효과를 산출하기 보다는 무형효과 그 자체로서 충분한 의미를 가질 수 있습니다.

사실상 무형 효과란 유형 효과와 동일한 정도의 효과로 중요하게 인식해야 합니다. 왜냐하면, 무형 효과란 어떤 개선 활동 결과 회사 차원에서는 분명히 효과가 발생하고 있으나 이를 수치로 표현하기에는 다소 정확성이 결여될 수 있기 때문에 정성적으로 표현한 것이기 때문입니다.

따라서 분임조 측면에서도 무형 효과 파악의 진정한 의미를 알고 이에 상응하는 내용이 도출될 수 있도록 꾸준한 노력을 해야 합니다.

Q108 개선 완료 후 표준화하는 방법에 대해서 알려 주십시오.

A 표준화란 현재의 개선 사항을 문서화하여 그 일을 하는 사람은 누구나 그렇게 하도록 기준을 정하는 것입니다.

회사 표준으로 등록하기 위해서는 귀사의 회사 표준 관리 절차에 따라 해당 표준을 제정 또는 개정 신청하여 문서화하면 됩니다.

이런 경우는 개선 사항이 회사 내 여러 부서나 다수의 사람에게 영향을 미치는 경우에 해당됩니다.

반면에 부서 지침으로 활동하는 경우는 개선 사항이 미약하거나 소수의 부서 인원만 업무에 참조하면 될 경우에 회사 표준과는 무관하게 부서 내에서 자체적으로 기준을 정하여 OJT나 홍보 등을 통하여 표준화하는 방법입니다.

Q109 개선 활동 후 작업 표준을 바꾸어야 하는데, 작업 표준화에 대해 자세히 알려 주십시오.

A 우선 표준이란 '업무나 작업 방법에 대한 기준을 정한 문서'를 말하며, 표준화란 정해진 표준을 그대로 준수하는 것을 의미합니다.

따라서 작업 표준이란 표준 작업을 어떻게 실시하는가를 기술한 문서입니다.

여기서 표준 작업이란 정해진 품질 수준을 만드는데 가장 적절하고 능률적이며 제조 원가가 덜 드는 작업 방법을 말합니다.

또한 작업 표준이란 명칭도 제조 작업 표준, 작업 요령, 기술 표준, 제조 표준서, 공정 사양서, 작업 순서서, 작업 지도서, 작업 지시표, 작업 기준표, 작업 시간표 등 여러 가지 명칭으로 작성되고 있으나 이들의 내용은 대동소이 합니다.

일반적으로 작업 표준에 기술되는 사항들은 다음과 같으며, 이 항목들은 회사나 제품의 특성에 따라 가감이 가능합니다.

   1) 적용 범위
   2) 가공 특성
   3) 재료 또는 부품
   4) 작업 설비 기기
   5) 작업 방법 순서 및 조건
   6) 작업상의 주의 사항
   7) 작업 시간(표준 작업량 또는 작업 표준 시간)
   8) 사고 시 조치 요령
   9) 작업자 단위
  10) 사용 설비 기기의 보전
  11) 공정 관리 항목과 그 방법
  12) 작업 인원과 그 자격
  13) 제조 공정의 순서
  14) 작업자의 책임 한계 및 인수 인계 사항
  15) 기록 방법 및 보존 연한

마지막으로 작업 표준 작성 시 반드시 유념해야 할 사항을 말씀 드리면, 작업 표준은 현장 작업자를 주로 위한 것이므로 작업자가 그 내용을 이해하기 쉽도록 구체적으로 알기 쉽게 작성되어야 하며, 작성 시에도 작업자의 의견을 충분히 참고하는 것이 좋습니다.

Q110 테마 완료 후에 작업 표준서를 새로 작성할 때 분임조에서 작성하지 못하는 부분은 누구에게 자문을 구해야 하나요?

A 귀사의 '사내 표준(사규) 관리 규정'을 찾아보시면 표준의 수준(종류)별로 제정·개정·폐지에 대한 기안자 및 승인자가 언급되어 있을 것입니다.

작업 표준의 기안자가 어느 직급인지를 확인하여 자문을 구하도록 하세요. 또한 작업 표준 작성 시 유의할 점은 표준서 내에 사용하는 용어나 문구가 작업자 수준에 맞도록 해야 합니다. 가능하면 쉬운 말을 사용하여 기술하는 것이 좋습니다.

기술되어야 할 항목으로는 적용 범위, 사용 재료, 설비 및 치공구, 작업 순서 및 조건 등이 있습니다.

Q111 개선 활동 시 업무 분장을 위해서 기술 표준에 책임과 권한을 넣어도 되나요?

A 대체적으로 넣는 경우가 없습니다.

회사 표준은 크게 관리 표준과 기술 표준으로 구분하는데 관리 표준이란 주로 부서 간의 업무 처리 방법을 서술하는데 사용하고, 기술 표준은 부서 간보다는 작업자 단독으로 처리하는 방법을 서술하는데 사용합니다. 이에 대한 서술 차례를 우선 살펴보겠습니다. 단, 다음에 제시된 사항은 필요에 따라 일부 항목들은 가감할 수 있습니다.

관리 표준(규정 또는 절차서) 목차
☐ 적용 범위 (Scope)
☐ 목 적 (Objective)
☐ 용어의 정의 (Definition)
☐ 책임과 권한 (Responsibility & Authority)

관리 표준(규정 또는 절차서) 목차
☐ 절차 개요 (Procedure outline)
☐ (세부) 업무 절차 (Procedure detail)
☐ 기록 (Record)
☐ 관련 표준 (Reference)
☐ 첨부 – 체계도 (Flow chart)   – 양식 (Format)

기술 표준 차례			
품질 규격	☐ 적용 범위 ☐ 종류, 등급 및 호칭 ☐ 용어의 정의 ☐ 품질 ☐ 검사 및 시험 ☐ 포장 및 표시	검사 규격	☐ 적용 범위 ☐ 검사 항목, 방식 및 조건 ☐ 검사 로트 구성 및 검사 단위체 ☐ 시료 채취 방법 ☐ 시험 방법 ☐ 합부 판정 기준 ☐ 검사 후 처리 ☐ 검사 기록 관리
작업 표준	☐ 적용 범위 ☐ 목표 품질 ☐ 사용 자재 ☐ 사용 장비 및 계측기 ☐ 작업 순서, 방법 및 조건 ☐ 공정 관리	시험 표준	☐ 적용 범위 ☐ 시험 요원 자격 ☐ 시험 장비 및 기구 ☐ 시험 준비 및 조건 ☐ 시험 절차 ☐ 시험시 주의 사항 ☐ 결과 계산 및 정리

기술 표준 차례		
	☐ 작업자의 자격 요건 ☐ 작업 시 주의사항 ☐ 이상 시 처리 ☐ 인계 및 인수사항	
QC 공 정 도	☐ 공정명 ☐ 도시 기호 ☐ 사용 설비/재료 ☐ 관리 항목/기준/ 　주기 ☐ 검사항목/기준/방법 ☐ 책임 ☐ 관련 표준	

각종 표준들의 차례를 살펴보니 어떤가요?

관리 표준 외에는 책임과 권한에 대한 차례가 안 보이죠? 그 이유는 바로 다음과 같습니다.

첫째, 기술 표준이란 일반적으로 단위 작업(주로 혼자서 하는 작업)에 대해서 구체적인 처리 절차를 기술하는 것이 목적입니다.

예를 들어 품질 표준은 제품의 물리적·화학적 특성을 정의하는 것으로서 타부서의 협조를 얻을만한 사항이 아니고, 검사 표준은 검사 로트를 구성하여 검사자가 합·부 판정을 하는 기준으로 역시 타부서와 합의가 필요하지는 않습니다.

작업 표준은 작업하는 순서를 정의하고 QC 공정도는 부품이 들어와 완제품이 되기까지의 과정을 서술하는 문서입니다.

둘째, 기술 표준에서 책임과 권한이 필요한 사항이 있다면 관련되는 관리 표준에서 그 내용을 기술합니다.

품질 표준을 설정하는 과정에서 책임과 권한이 필요한 사항은 설계(개발) 관리 규정에서 정의하고 검사와 시험에서는 검사 업무 규정에 작업 방법에서는 생산 업무 규정에, QC 공정도는 QC 공정도 관리 규정에 정의합니다.

셋째, 부서 간의 책임과 권한을 명확히 하기 위해서는 표준서 이외에도 조직 및 직무 분장 규정이나 위임 전결 규정에서도 다룰 수 있는 사항이므로 기술 표준에서 굳이 다루지 않아도 될 사항입니다.

Q112 사후 관리 시 중점적으로 관리해야 할 내용에 대해 설명해 주십시오.

A 사후 관리는 효과가 발생한 개선안에 대한 지속적인 준수를 통해 개선 효과의 유효성을 확인하고 유지하는 데 있습니다.

이렇게 하기 위해서는 표준화가 되어야 합니다.

표준화란 '표준(標準) + 화(化)'의 합성어로 표준이란 업무의 절차나 방법을 정하는 것이며, 표준화란 정해진 표준을 그대로 준수하는 것을 뜻합니다.

귀사의 경우는 표준은 제정되었으나 표준화가 되지 않는 것 같군요.

표준화의 지름길은 표준의 실시가 습관화될 때까지 반복하는 것입니다.

일례로 필자는 15년 전부터 아침에 일어나 간단한 운동을 하는 것이 표준화되어 있습니다.

물론 처음에는 피곤하거나 바쁘면 빠뜨리기 일쑤였죠. 하지만 어느 시점부터인지 자신도 모르게 운동을 하지 않으면 몸이 개운하지가 않아 눈만 뜨면 운동하는 것이 습관화되어 버렸습니다.

이 결과로 체력 향상이란 유형 효과와 정신 건강이란 무형 효과도 발생하고 있습니다.

비유가 적절했는지 모르지만 필자가 말씀 드리고 싶은 것은 개선 초기에는 개선안에 대한 실시가 습관화될 때까지 무조건 실시하라는 것입니다.

Q113 사후 관리를 원활하게 하기 위해서는 어떻게 해야 하나요?

A 사후 관리가 원활하게 실시되기 위해서는 우선 표준화가 중요합니다. 가능하면 대책 실시에 의해 효과가 입증된 개선안은 모두 사내 표준으로 등록하여 회사 차원의 법적인 구속력을 갖도록 해야 합니다.

부득이 개선 사항이 사내 표준으로 등록이 어려울 때는 지속적인 실시 여부 점검을 위한 점검용 체크시트(반드시 상위자 결재가 들어가도록 양식 구성)를 만들어, 분임조 회의 시마다 전번 주제 해결과 관련된 사후 관리 진행 사항을 검토하는 시간을 갖도록 해야 합니다.

Q114 분임조 활동의 반성 및 향후 계획 단계에서 분임조 평가 항목 설정 방법과 평가 결과 사례를 알려 주세요.

A 분임조 자체 평가는 주제 선정에서부터 사후 관리까지의 진행에 있어서, 분임조원의 회합과 문제 해결 능력이 개선 전과 후에 어떻게, 무엇이 달라졌는지 스스로 평가하고, 좀 더 나은 방향으로 발전하기 위해서는 무엇을 어떻게 해야 하는지를 함께 검토해 보는 것입니다.

이때 평가 항목을 구체적으로 설정해 평가하면 평가가 효율적으로 진행될 수 있습니다. 분임조 스스로 평가를 실시할 때 사전에 준비해야 할 사항을 간략하게 소개하면 다음과 같습니다.

첫째, 분임조 활동 능력을 평가할 수 있는 항목을 설정합니다.

이를 위해서는 역량에 영향을 주는 요소가 무엇인지를

고민해야 합니다. QC 기법 이해도, 기법 응용 능력, 아이디어 발상 능력, 고유 기술력, 일정 관리 능력 등 무수히 많은 평가 요소가 있으나, 회사에서 이미 정한 평가 항목이 있을 경우에는 이를 바탕으로 평가를 실시하며, 사내에 표준화된 평가 항목이 없을 경우에는 타사의 실시 사례를 벤치마킹해 설정하면 좋습니다.

둘째, 활동 역량을 표시할 수 있는 방법을 찾습니다.

수치로 표현하기 위해 일반적으로 5점 리커트 척도(Lekert scale, 매우 우수, 우수, 보통, 미흡, 매우 미흡)가 무난합니다. 리커트 척도값을 그대로 표기하거나 100점으로 환산해 나타낼 수도 있습니다. 리커트 척도에는 3점 리커트 척도 또는 7점 리커트 척도, 10점 리커트 척도 등이 있으나 답변의 변별력이 적어 잘 사용하지 않습니다.

셋째, 분임조 활동 시작 시점과 완료 시점의 평가를 분임조원 각자가 실시합니다.

평점 방법으로는 해당 평가 항목 중에서 가장 점수가 많이 나온 척도를 대표로 하거나 각자의 평점을 산술 평균하는 방법 등이 있습니다.

넷째, 활동 전과 후의 역량 변화를 알기 쉽게 그림으로

그립니다.

그림으로 그리는 방법으로는 레이더차트가 가장 많이 활용됩니다. 이 차트는 어떤 항목의 개선 전과 후의 상태를 한눈에 파악할 수 있게 해 주며, 각 평가 항목들 사이의 균형이 어떻게 이루어져 있는지를 확인할 수 있게 해 주기 때문입니다. 이에 대한 현장 실시 사례는 다음 〈그림〉과 같습니다.

번호	평가항목	배점	평점 활동	평점 활동 후
1	전원 참여도	10	6.1	8.2
2	문제 해결 능력	10	5.7	8.9
3	창의력	10	6.2	9.0
4	개선 의지	10	5.7	8.5
5	QC 기법 활용	10	4.9	8.4
6	상사 관심도	10	7.8	9.2
7	책임감	10	7.2	8.9
8	상호간 신뢰도	10	7.5	9.4
9	분임원 결속력	10	6.5	9.5
10	자기 개발	10	6.9	9.1
	합계	100	64.5	89.1

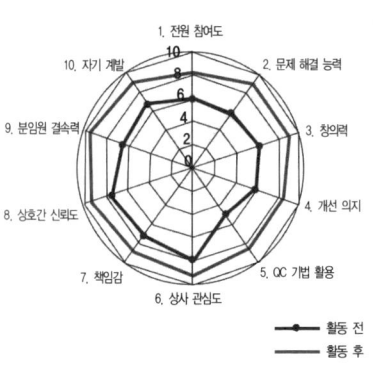

〈그림〉 분임조 스스로 평가 실시 사례

> **Q115** 분임조의 역량 평가를 정량적으로 할 수 있는 방법에 대해 알고 싶습니다.

A 첫째, 역량 평가에 해당되는 항목을 설정해야 합니다.

역량과 관련된 평가 항목을 설정하가 위해서는 역량에 영향을 주는 요소가 무엇인지를 우선 고민 해 봐야겠지요. 일반적으로는 QC 기법 이해도, 기법의 응용 능력, 아이디어 발상 능력, 고유 기술력, 일정 관리 능력 등 무한히 많은 요소가 있을 수 있습니다.

귀 분임조의 적절한 역량 평가 항목은 분임조원 간의 브레인스토밍을 통하여 설정하는 것이 좋을 것 같습니다.

둘째, 활동 역량을 표시할 수 있는 방법을 찾습니다.

수치화하기 위하여는 일반적으로 5점 리커트 척도(매우 우수, 우수, 보통, 미흡, 매우 미흡)가 무난합니다. 물론 3

점 리커트 척도 또는 7점 리커트 척도도 있으나 변별력이 너무 적어 잘 사용하지 않습니다.

셋째, 활동 전(금번 분임조 활동 시작 시점)과 활동 후(금번 분임조 활동 완료 후)의 평가를 분임조원끼리 평가합니다.

평가 방법은 평가 항목에 가장 득표가 많이 나온 것으로 결정하면 됩니다.

넷째, 활동 전과 활동 후의 역량의 변화를 알기 쉽게 도식화합니다.

도식화 방법에 가장 적절한 도구는 레이더차트입니다.

레이더차트는 어떤 항목에 대한 개선 전과 후의 상태를 한눈에 파악하기가 쉬우며, 또한 각 평가 항목에 대한 균형성을 추가적으로 볼 수 있습니다.

이에 대한 실시 사례를 다음 〈그림〉에 소개해 드리니 참고하시기 바랍니다.

다시 한번 강조하지만 평가 항목은 분임조원끼리 협의하여 적절하게 조정 후 실행하는 것이 좋습니다.

순위	항 목	평점	
		활동 전	활동 후
1	분임원의 의욕	2	4
2	QC 기법 이해력	2	5
3	문제 해결 능력	2	4
4	분임원의 참여도	3	5
5	대책 일시 일정 준수	3	4
6	결과의 체크와 표준화	2	4
7	유형 효과 파악	2	4
8	사후 관리	3	4
	평균	2.4	4.3

회의 일자	'12. 12. 09	범례	5 매우 잘함 5인 이상	4 잘함 4인 이상	3 보통 3인 이상	2 못함 2인 이상	1 매우 못함 1인 이상
회의 장소	분임 토의실						
참석자	전 원						

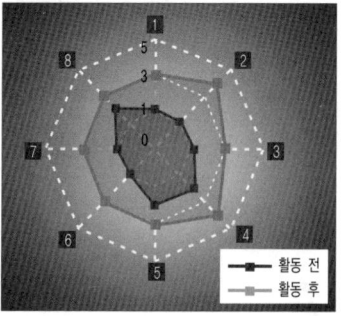

〈그림〉 분임조 역량 평가 사례

Q116 QC 기법에서 레이더차트 사용 방법에 대해 알고 싶습니다.

A 레이더차트는 마치 그림 모양이 거미줄처럼 생겨서 거미줄도표 또는 한자로 극도표(極圖表)라고 합니다.

이것은 원의 360도를 일정 각도 단위로 분할하여 그 축을 중심으로 비교하고 싶은 항목에 대하여 좌표축을 기준으로 눈금을 분할한 후, 조사하고 싶은 항목의 값을 타점하고 타점된 곳을 선으로 연결하여 보는 그래프입니다.

이는 여러 항목을 동시에 비교하는데 주로 사용하며, 중심선에서 연장된 선의 길이로 비교하고자 하는 항목의 크기를 비교하는데 사용합니다.

또한 레이더차트는 축의 개수나 축의 눈금을 매기는 방법이 자유롭기 때문에 여러 가지 용도에 사용할 수 있는 장점도 있습니다.

예를 들어 분임조 활동 종료 후 'QC 기법 이해도', '회합 참여율', '문제 해결 능력' 등에 대한 활동 전과 후를 비교해 보거나 회사 재무 제표상의 '매출액 증가율', '인당 매출액 증가율', '생산 대수 증가율', '영업 이익 증가율', '자기 자본 증가율' 등에 대하여 연도별 변화에 대한 비교를 해 볼 수도 있습니다.

분임조 활동에서의 레이더차트 사용 예를 다음 〈그림〉에 제시하오니 참조하시기 바랍니다.

구분	참여율	전원 발언	QC 기법 숙지	문제 해결 능력	고유 기술력	품질 마인드
1차 테마	49	67	61	73	74	76
2차 테마	71	73	75	85	80	88
3차 테마	86	78	87	90	82	95

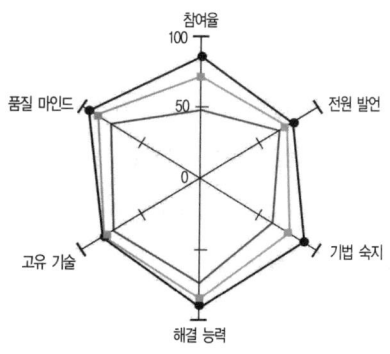

〈그림〉 레이더차트 사용 예

Q117 분임조 활동의 반성 및 향후 계획 시 레이더차트를 많이 사용하는데, 꼭 레이더차트로 분석해야 하는지요?

A 레이더차트란 〈그림 1〉과 같은 형태로 어떤 평가 항목에 대해 평가 결과의 균형성을 한눈에 보기 쉽기 때문에 많이 사용되고 있지만, 반드시 반성 및 향후 계획 단계에서 사용해야 하는 것은 아닙니다. 분임조 활동을 스스로 평가한 결과를 나타내기 더 좋은 차트가 있다면 대체하여도 무방합니다.

〈그림 2〉와 같은 경우는 평가 항목별로 분임조원들이 답변한 내용을 꺾은선그래프로 타점하여 각 평가 항목이 어느 정도의 수준에 있는가를 나타내었으며, 또한 기존에 많이 사용하던 방식인 활동 전과 활동 후에 대한 비교를 연도로 치환하여 작년 평균 대비 올해 활동 결과의 차이를 한눈에 볼 수 있도록 한 경우입니다.

〈그림 3〉과 같은 경우도 전형적으로 사용하던 레이더차트 방식을 탈피한 사례입니다. 평가 항목마다 분임조원 개개인이 어떻게 평점하였는가를 한눈에 볼 수 있도록 평가표를 개선한 사례로서, 기존의 평가표가 모든 분임조원의 평가 결과의 평균치만을 보여주었다면, 이 평가표는 분임조원 개개인의 평가 결과를 보여줌으로써 어느 분임조원이 어떤 평가를 하였는지까지도 한눈에 볼 수 있도록 한 것이 특징입니다.

평가 항목	점수	활동 전	활동 후	증감
1. 분임원의 참여도	10	7.2	8.5	1.3
2. 분임원의 의욕	10	6.3	8.2	1.9
3. 분임조 회합률	10	7.5	8.1	0.6
4. 계획성	10	6.5	7.8	1.3
5. 분임원의 협동심	10	6.5	8.5	2.0
6. 분임조 분위기	10	7.8	8.3	0.5
7. 상사의 관심	10	8.0	8.5	0.5
8. 테마의 선정	10	7.5	8.3	0.8
9. 계획 수립과 해결	10	7.3	7.9	0.6
10. 결과의 표준화	10	7.8	8.5	0.7
합계	100	72.4	82.6	10.2

〈그림 1〉 반성 및 향후 계획 사례(1)

15. 반성 및 향후 계획

15.1 분임조 활동 진단 평가표

누가	전 분임조원	범례	탁월	우수	보통	미흡	저조
언제	'10. 6. 10		10~9	8~7	6~5	4~3	2~1

번호	평가 항목	배점	'08 평균	'09 평균	2010년 평가점수 (1~10)	활동전 ○	활동후 ●
1	주제 선정 타당성	10	7.2	7.0		7.0	8.0
2	데이터 수집/분석 능력	10	6.5	6.8		6.9	7.2
3	다각도의 원인 분석	10	6.7	6.9		6.8	8.8
4	아이디어 발상 능력	10	7.1	7.3		7.5	8.7
5	효과 파악의 정확성	10	6.9	7.0		6.9	8.3
6	QC 기법의 활용도	10	6.9	7.2		7.5	8.7
7	회합 사전 준비	10	7.3	7.7		8.0	9.7
8	회합 참여율	10	6.2	8.5		8.9	10.0
9	토론의 활성화	10	7.1	7.7		8.8	10.0
10	분임원의 개선 의욕	10	7.0	7.8		7.7	9.1
	평점	100	68.9	73.7		76.0	88.5

〈그림 2〉 반성 및 향후 계획 사례(2)

15.1 분임조원 자기평가

회합일 2010.8.16 참석자 전원
범례 활동전 ◇-◇ 활동후 ◆-◆
평가 분임조원 스스로의 활동 전·후 자기
방법 평가를 실시하고 평균값을 산출함

역할	근속 (년.월)	성명	참여의식	개선의식	QC기법 활용도	문제 해결 능력	자기개발	활동전	활동후
분임조장	27.3	김기용						3.40	4.20
서 기	5.1	이성현						3.60	4.40
자료수집	8.5	장영동						3.80	4.40
	5.5	곽근재						3.20	4.20
자료분석	26.3	허봉준						3.40	4.20
	6.1	이종실						3.60	4.60
개선진행	30.8	박홍섭						3.40	4.40
	5.5	김소정						3.80	4.60
표준관리	33.2	성하동						3.40	4.00
항목별 결과(활동 전 → 활동 후)			3.77 → 4.55	3.88 → 4.77	2.77 → 3.44	3.44 → 4.33	3.66 → 4.33	3.51	4.28

〈그림 3〉 반성 및 향후 계획 사례(3)

Q118 현재 자신의 분임조를 본인이 진단하여 평가할 수 있는 방법을 알고 싶습니다.

A 본인이 평가하는 것도 좋지만, 이왕이면 분임조원 전원이 평가하는 것이 좀 더 바람직합니다.

평가 방법은 우선 분임조 활동을 잘하기 위한 대책 수립형 특성요인도(How형 특성요인도)나 분임조 활동이 안 되는 이유를 분석한 원인 추구형 특성요인도(Why형 특성요인도)를 분임조원이 전원 참여하여 도식화하여 봅니다.

도식화된 특성요인도를 보고 주요 원인(또는 대책)을 5~10개 정도 추려내 평점하는 방법이 좋습니다.

또는 분임조 활동을 10단계로 나누어 각 단계별로 평점하거나 분임조 발표대회 심사 기준을 인용하여 평가할 수도 있습니다.

평점 대상 기간은 금번 주제 시작할 때와 완료 후에 평점하여 전체적인 평점이 좋아졌는지, 어떤 항목이 가장 좋아졌는지 어떤 항목이 나빠졌는지 등을 살펴보면 되겠지요.

 평점 대상 기간은 작년과 올해, 분임조 개편 전과 후, 전번 분임조장과 금번 분임조장 등으로 다양하게 구분하여 시도해 볼 수도 있습니다.

활동 활성화

Q119 분임조 활성화 방안에 대해 알고 싶습니다.

A 첫째, 최고 경영자의 관심을 유도해야 합니다.
가장 좋은 방법은 사장이나 공장장을 분임조 관련 행사, 세미나 또는 교육에 참석하도록 하는 것입니다.

품질 경영 활동이 모두 그렇듯이 품질 분임조 활동 또한 최고 경영자의 의지가 관철되어야만 비로소 그 회사의 시스템으로 정착할 수 있습니다.

경영층에서 분임조 활동을 할 시간에 제품 하나를 더 생산하는 것이 회사에 이익이 된다고 생각한다면 그 회사에서의 분임조 활동은 영원히 먼 세상의 이야기로만 들려지게 됩니다.

둘째, 분임조원에 대하여 분임조 활동 단계 및 QC 7가지 도구에 대하여 확실히 이해하고 응용할 수 있도록 교육을 실시해야 합니다.

필자가 기업체 컨설팅 시 항상 공통적으로 느끼는 것이 분임조원이 분임조 활동 단계 및 QC 7가지 도구에 대해 너무 모른다는 것입니다.

이것은 마치 군인이 전쟁터에 무기 없이 나가는 것과 마찬가지입니다.

전쟁터에서 '총', '칼', '수류탄' 등이 적을 무찌르는데 좋은 도구가 된다면 QC 7가지 도구(더 나아가 신QC 7가지 도구)는 분임조 활동의 무기와 다를 바가 없는 것입니다.

셋째, 분임조 활동에 대한 환경 조성을 해야 합니다.

분임조 회합 시간대, 분임조 지원 비용, 포상 제도 등이 적절하게 뒷받침되어야 합니다.

물론 분임조 활동이 자기 계발, 상호 계발이라는 목적이 있지만 이를 통하여 회사 경영 이익에 기여가 되었다면 이익 기여도에 상응한 보상을 해 주는 체계가 운영이 되어야 합니다. 이것이 운영이 되지 않는다면 모두가 개선에 필요성을 입으로만 외칠 뿐, 정작 실제적인 실행으로 옮겨지기가 대단히 어렵습니다.

Q120

분임조원들의 활동 기간이 오래되어 타성에 젖어서 그런지 분임조 활동에 전혀 진척이 없는데 어떻게 진행해야 성과를 극대화시킬 수 있는지 모르겠습니다. 이럴 경우 어떻게 해야 할까요?

A 분임조 활동을 오래한 분임조는 활동 요령을 너무 잘 알아서 같은 활동 내용을 짜깁기해 마치 새로운 활동을 한 것처럼 위장하기도 합니다. 이는 분임조원들이 타성에 젖어 요령만 피우기 때문이기도 하지만, 더 큰 문제는 소속 부서장이나 추진사무국이 분임조 활동에 대한 관심이 부족한 데 있습니다.

이런 경우를 개선하기 위해서는 분임조 활동을 관리하는 사람과 부서가 혁신 의식을 갖고 이에 대한 해결 방안을 모색하는 것이 필요합니다.

성과를 극대할 수 있는 방안을 다음과 같이 3가지로 제시하니 참고하시기 바랍니다.

첫째, 소속 부서장들의 관심을 유도합니다.

분임조 활동 내용의 적절성이나 중복성을 가장 빨리 파악할 수 있는 사람은 소속 부서장입니다. 따라서 기존에 했던 개선 활동 내용을 일부 수정해 주관 부문에 제출한다는 것은 해당 부서장이 분임조 활동에 대한 의지나 관심이 전혀 없다는 뜻입니다. 이런 문제를 해결하기 위해서는 분임조 단계별 회의록이나 주제 완료 보고서에 대해서는 반드시 부서장의 확인과 의견(또는 조언)을 첨부하는 것을 제도화하는 것이 좋습니다.

둘째, 분임조 활동을 위한 분위기를 조성합니다.

올바른 분임조 활동을 위해서는 활동 여건을 조성해 주는 것 또한 지극히 당연한 일입니다. 예를 들어, 분임조원들이 활동 추진에 필요한 이론적 무장을 충분히 하고 있는지를 살펴본 후, 부족한 부분이 있으면 사내 전문가나 외부 전문가를 초빙해 보충하도록 해야 합니다.

그리고 분임조 회합이 생산량에 다소 지장을 줄지라도 반드시 정기 회합을 할 수 있도록 규정으로 정하고, 근무 시간 종료 후에 하는 활동에 대해서는 잔업 수당으로 인정해 분임조 활동이 업무의 일환이라는 인식을 가질 수 있도록 합니다.

이러한 기반 조성 없이 분임조 활동 결과만을 기대하는 것은 '낚싯줄 매는 방법도 가르쳐 주지 않고 무조건 고기를 낚으라'는 것과 같습니다.

셋째, 분임조원들의 의견을 청취합니다.

분임조 활동을 오랫동안 실시한 분임조는 다양하고 많은 문제를 경험했고, 따라서 고유 기술에 있어서도 출중한 상태에 있습니다. 따라서 이들을 잘 인도하면 개선 리더로서의 역할을 충분히 수행하게 할 수가 있습니다.

그럼에도 불구하고 이들이 분임조 활동을 형식적으로 하는 데에는 나름의 이유가 있을 수 있습니다. 따라서 이런 때에는 분임조 활동 전반에 대한 설문 조사를 실시하거나 각 분임조에서 대표 분임조원들을 선정해 표적 집단 면접(FGI : Focus Group Interview)을 실시합니다. 이렇게 하면 분임조 활동의 문제점을 해결할 돌파구를 찾을 수 있습니다.

Q121 분임조원이 의무감을 갖지 않고 자발적으로 활동에 참여하는 분위기 조성 방법에 대하여 알려 주세요.

A 분임조 활동에 대하여 의무감을 갖고 있다는 사고를 먼저 전환시켜야 합니다. 활동이 부진한 분임조 대부분의 특색을 살펴보면 분임조원들 대부분이 분임조 활동에 대하여 안 해도 되는 것을 억지로 해야 하는 것으로 생각하고 있다는 것입니다.

즉 출발부터가 이것은 내가 할 일이 아니라고 생각하고 있는 것이지요. 그런 생각을 가진 집단에게 분임조 활동이 중요하다고 아무리 외쳐 봐야 그것은 '우이독경(牛耳讀經)'에 지나지 않을 수밖에 없습니다.

중요한 것은 우선 이런 생각이 바뀌어야 한다는 것입니다. 분임조원은 주제 해결과 관련하여 본인에게 부여된 과제이든, 분임조원 모두에게 주어진 과제이든 간에 그것이 자기 자신 본연의 업무라고 반드시 생각을 해야 합니다.

또한 그 분임조가 소속되어 있는 부서장도 분임조 활동의 모든 진행 상황에 대하여 부서의 고유 업무와 동등하게 생각하고, 진행 사항은 어떤지, 문제가 있는지 등을 수시로 확인해야 합니다.

그런데 현재의 상황은 어떻습니까? 부서장도 본인 부서에서 분임조 활동을 하고 있는지, 무슨 주제로 활동하고 있는지, 언제 회합을 하는지 등에 대하여 아예 모르는 경우가 다반사입니다. 단지 월말이 되어 주관 부서에서 실적을 내놓으라고 하면 그때서야 분임조장을 호출하여 빨리 처리하라고 한마디 던지는 정도일 것입니다. 이런 환경에서는 아무리 좋은 기법이 개발되어도 효과를 기대하기는 어렵습니다.

부서 고유 업무에 대한 실적에 차질이 있으면 수시로 업무 회의도 하고 대책을 수립하듯 분임조 활동도 평소에 활동을 해야 합니다. 그리고 회합 시간에는 각자가 진행한 사항을 보고하거나 다음에 할 일을 결정하는 시간이 되도록 해야 합니다.

또한 회사의 제도적인 측면에서도 분임조 활동 시간은 업무의 연장으로 생각하여 시간에 관계없이 이에 대한 상응한 보상(잔업, 철야, 특근 처리)을 반드시 해야겠지요.

Q122 개선 활동을 처음으로 하는데 경영진이나 현장 사원들의 관심을 가질 수 있도록 하기 위한 좋은 방법에 대해 알려 주십시오.

A 개선 활동에 대한 첫 단추를 끼우는 순간이므로 무엇보다도 중요한 시기일 것 같군요. 대부분의 기업들이 개선 활동 도입에서 실패하는 이유 중의 하나가 너무 급하게 서두르는 경우입니다. 씨를 뿌리는 노력조차 없이 달콤한 열매를 기대하는 우매한 생각 때문입니다.

이 세상의 어떠한 개선 도구도 마법의 열쇠 같은 마술을 부릴 수는 없습니다. 단지 자신이 목적하는 대로 가는데 있어서 윤활유나 가속제 역할을 할 뿐이라는 것입니다. 그러므로 필자는 윤활유나 가속제를 어떻게 주입해야 목적지에 빨리 도달할 수 있는지에 대하여 설명 드리도록 하겠습니다.

첫째, 개선 활동에 대한 교육훈련입니다.

교육 훈련이란 어떤 활동을 하는데 있어서 가장 기본적인 요소입니다. 이를 통하여 우리가 앞으로 하고자 하는 것이 무엇인지를 알 수 있게 해 주며 임직원의 개선 활동을 위한 준비, 즉 참여자의 마인드에 대한 변화를 가져오게 할 수 있는 중요한 수단입니다.

 둘째, 홍보 활동입니다.

 홍보 활동은 개선 활동의 '붐' 조성을 위한 중요한 수단입니다. 대표이사가 조회 시에 개선 활동에 대한 의사를 표명하거나, 사보, 그룹웨어, 이벤트 활동 등을 동원하여 전 사원이 우리가 하고자 하는 것이 무엇인지 알 수 있게 해야 합니다.

 셋째, 벤치마킹입니다.

 우리 회사보다 먼저 개선 활동을 시작한 회사나 우수 선진 기업을 방문하여 개선 활동의 과정이나 결과를 파악하거나 각종 개선 활동 경진대회에 참관하여 많은 기업의 개선 활동 사례를 경험하는 것입니다.

 넷째, 가시 관리(visual management)입니다.

 가시 관리란 눈으로 보는 관리를 말합니다.

 사람의 본성이 눈앞에 보이는 것을 반복적으로 접하게

되면 그에 대한 이미지가 뇌를 자극하고 이 결과로 자기도 모르는 사이에 마음의 변화가 오게 되는 것입니다.

개선 활동에 대한 개념도 추진 방향, 부서별 개선 활동 실적 등을 사무실이나 식당 등 모든 직원이 자주 볼 수 있는 곳에 게시함으로써 개선에 대한 의식을 고취시키고, 또한 선의의 경쟁을 유발시키는 좋은 도구입니다.

다섯째, 개선 활동에 대한 로드맵입니다.

이 부분은 특히 개선 활동 주관 부문이 참고해야 할 사항입니다. 당사의 개선 활동을 위한 수준을 파악하고, 앞으로 추진하고 싶은 단기 및 중장기의 당사 모습을 그려 보는 것입니다.

쉽게 말하면 서울에서 부산까지 가고자 할 때 언제 어디까지 갈 것인지를 사전에 계획하여 목적지에 도달하는 것입니다.

개선 활동 또한 가고자 하는 최후의 목표를 정해 매년 추진 계획을 사전에 설정함으로써 효율적인 개선 활동을 전개할 수 있습니다.

Q123 우리 회사 특성상 분임조 활동 단계를 축소하여 활동하면 좋을 것 같은데 좋은 방법이 없을까요?

A 좋은 방법이 있습니다.

분임조 문제 해결 10단계를 초보 분임조가 진행하다 보면 각 단계에서 사용되는 용어도 낯설고 추진 단계도 복잡하다고 느껴 10단계를 제대로 수행하지 못하는 경우가 많습니다. 이런 분임조들을 위하여 필자가 제시했던 '간소형 분임조 활동'이 있습니다.

이 방식은 분임조 활동의 핵심 단계만을 추진하는 것으로, 기존의 문제 해결 10단계를 제대로 숙지하고 있다면 문제 해결 방식의 맥을 알 수 있으므로 쉽게 이해되리라 봅니다.

즉 분임조의 문제 해결은 주제를 찾고 이에 대한 현상과 원인 분석을 통하여 분임조원들이 공감하는 원인에 대하여 대책안을 실시하는 것입니다. 또 해결의 유효성 확인을 위하여 효과를 파악하게 되는데, 이를 도식화하여 표현하면 다음 〈그림〉과 같습니다.

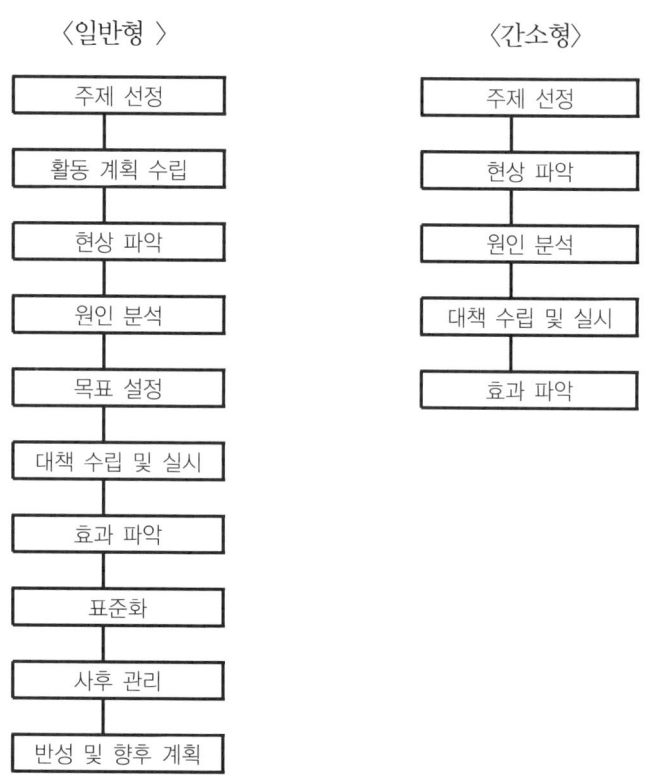

〈그림〉 일반형과 간소형 분임조 활동 단계 비교

큰 차이는 10단계의 문제 해결 단계를 5단계로 축소하였다는 것에 주목하면 됩니다. 이렇게 간소형으로 문제 해결을 해도 큰 무리가 없으며, 필자가 지금 컨설팅하고 있는 회사도 이런 방식으로 진행을 하고 있습니다.

또한 각 단계별 진행 방법에 있어서도 간소화가 필요합니다.

예를 들어 주제 선정에서 예비 주제 찾기와 주제 선정 동기를 제외한다거나 원인 분석 단계에서 주요 요인 색출 시 일반적으로 3~4개를 추출한다면, 간소형에서는 1~2개 정도만 추출하여 대책 수립 및 실시 단계를 진행함으로써 문제 해결 속도 또한 가속화하는 것입니다.

Q124 분임조 재도입을 위한 경영진 설득 방법에는 어떤 것이 있나요?

A 좀 특이한 상황이군요.

일반적으로 경영진에서는 분임조 활동을 도입하려고 하는 데 반하여, 직원들이 탐탁지 않게 생각하거나 일부 회사이지만 노동조합의 반대에 부딪혀 어려움을 겪게 되는 경우가 흔한데, 귀사의 경우는 반대인 것 같습니다.

대부분의 개선 활동이 톱다운 형식으로 진행되어야 하는 것과 마찬가지로, 경영진의 의지가 빈약하다면 시작하더라도 중도에 좌절되는 경우가 많습니다. 하여간 귀사의 경영진을 설득해야 하는 것이 전제이므로 이를 초점으로 3가지 핵심적인 사항을 설명 드리겠습니다.

첫째, 분임조 활동을 왜 해야 하는지를 이해시키세요.

사무 업무나 생산 활동의 레벨업을 위해서 사무 직원들

의 문제 의식이나 개선 마인드가 필요하다는 것과, 현재 생산 활동이나 업무 프로세스에서 어떠한 문제점들이 많이 발생하고 있으며, 이를 해결하기 위한 수단으로 분임조 활동의 적절함을 설득시키세요.

둘째, 분임조 활동을 하면 무엇이 좋아지는지를 설명하세요.

품질, 가격, 납기, 생산성, 안전성, 사기 측면에서 어떠한 효과가 있으며, 이에 대한 선진 기업의 성공 사례를 준비하거나 경영진이 이를 직접 체험할 수 있는 기회를 만들어 보세요.

셋째, 경영진이 지원해야 할 사항을 보고 드리세요.

분임조 활동이 성공적으로 수행되기 위한 경영진의 관심 표명 방법, 직원들의 교육훈련, 재정적 지원 사항 등에 대하여 상세하게 보고 드리세요. 타사의 분임조 활동 운영 규정을 첨부하여 보고 드리면 더욱 설득력이 있을 것입니다.

이상의 3가지 사항에 대해 간략한 보고서를 만들어 경영진께 보고하면 좋은 결과가 있으리라 생각합니다.

한편 귀사가 과거에 분임조 활동을 하다가 중단된 것 같은데, 이에 대한 근본 원인이 무엇이었는지도 감안하여 자료를 작성하면 더욱 좋을 것 같습니다.

Q125 개선 활동을 습관화할 수 있는 방법은 없나요?

A '개선 활동의 습관화'야말로 품질 경영 활동에서 궁극적으로 바라는 사항이 아닌가 생각되며, ISO 품질 경영 시스템에서 이야기하는 지속적 개선이나 요즈음 많은 기업에서 관심을 갖고 있는 도요타 생산 방식(Toyota Production System)에서의 '카이젠(개선)' 모두가 개선 활동의 습관화를 말하는 것이라고 보아도 됩니다.

이를 실현하기 위하여 필자는 문제 의식과 기업 문화 두 가지 사항을 말하고 싶습니다.

문제 의식이란 개인의 노력을 말하며 모든 사물을 접할 때에 현재가 최상인가, 더 좋은 방법은 없을까를 항상 생각하는 것입니다.

모든 개선은 항상 현재를 부정하는 데에서 출발하는 것

이므로 문제 의식이 없는 사람은 현상을 보고 원래 그런 것으로 생각하는 반면, 개선을 잘하는 사람은 항상 눈앞에 보이는 사항을 그대로 지나치는 법이 없습니다. 어찌 보면 간단한 일이지만 잘 되지 않는 이유는 바로 습관화가 되었느냐 아니냐에 기인된다고 볼 수 있습니다.

또한 이를 습관화하기 위해서는 개인의 역량 강화를 해야 하며, 이를 위하여 우선적으로 관련 교육이나 서적을 탐독하여 개선을 위한 마인드 변화를 이루어야 합니다. 그러면 보이지 않던 문제가 서서히 보이기 시작합니다. 지금부터라도 모든 것에 관심을 가져 보시기 바랍니다.

다음으로는 기업 문화인데 이는 회사의 노력을 말합니다. 그 회사 분위기가 개선 활동을 하는 분위기가 일상 업무에 배여 있느냐 하는 것이지요. 개선 활동을 무슨 이벤트 활동처럼 특정 시기에 몰아서 하는 회사에서는 절대로 지속적인 개선은 있을 수가 없습니다.

그냥 일상적으로 추진되는 업무 가운데 업무 추진이나 회의를 통해 문제를 관찰하고 자율적으로 개선하는 분위기가 조성되어야 하는 것입니다. 이러한 분위기를 토대로 회사에서는 이런 활동들을 종합하여 회사 측면에서도 정기적으로 포상을 실시하는 문화가 확산되어야 개선 문화가 조성됩니다.

이를 위해서는 우선적으로 경영층의 의지가 무엇보다 중요하며, 항상 업무를 추진하는 과정에서 직원들이 개선 활동에 관심을 가질 수 있도록 조언이나 관심을 표명해야 합니다. 이를 통하여 모든 직원의 업무에서 자연스럽게 제품이나 프로세스를 개선하는 활동이 일상화되는 것입니다.

이외에도 여러 가지 사항들이 있을 수 있겠지만 우선 필자가 말씀 드린 두 가지 사항을 중점적으로 관심을 갖고 실천하다 보면 어느 새 당신의 기업도 개선 활동이 습관화되어 있는 기업으로 변모되어 있을 것입니다.

Q126 분임조 활동 주관 부서가 애매(부서장 업무 이관 기피)해 활동이 중단됐는데 어떻게 해야 하나요?

A 좀 이해하기 어려운 이야기로군요. 주관 부서란 회사 조직 구성과 직무 분장을 실시하는 경영자의 판단에 의하여 결정되었을 것이고, 이에 대한 수행 결과를 보고 받는 것이 경영자의 고유 권한인데 부서장이 주어진 업무를 기피한다는 것은 있을 수 없는 일입니다.

또한 그로 인하여 분임조 활동이 중단되었다면 나쁘게 말해 부서장의 직무 유기일 수도 있습니다. 이런 상황에서도 회사 차원에서 아무런 조치가 없다는 것은 심각한 문제입니다. 왜냐하면 이것은 비단 분임조 활동에 국한된 문제가 아니라 다른 업무에 대하여도 이런 상황이 발생할 수 있기 때문입니다. 이것은 어디까지나 회사의 조직적인 차원에서 해결해야지 분임조원이나 일부 직원이 나서서 해결해야 할 문제는 아닌 것 같습니다

Q127
현장 경험이 많은 분임조장, 반장, 관리자의 지식과 노하우를 그들의 자발적 참여로 활용할 수 있는 방법은 없을까요?

A   자발적으로 개인의 노하우를 누구에게 가르쳐 준다는 것은 조금 기대하기 어렵습니다.

개인의 재산이기도 하고 또한 물어보는 사람도 없는데 굳이 누구에게 그것을 이야기할 리는 더욱 없겠지요.

때문에 이것을 해결하는 방법은 지식을 공유할 수 있도록 제도(시스템)를 구축하는 것이 좋은 방법입니다.

몇 가지 예를 들어 볼까요.

첫째, 사내 표준 제도를 활용하세요.

기업에서 사내 표준을 제정하는 이유 중의 하나가 바로 지식의 공유 또는 전달을 위한 것입니다. 특히 현장의 작업 표준을 분임조장이나 반장이 직접 작성하게 함으로써 그 사람이 가지고 있는 노하우가 저절로 나오게 하도록 합니다.

이 내용은 작업을 다년간하면서 스스로 터득한 귀한 지식이지요.

둘째, 분임조장, 반장을 사내 강사로 활용하세요.

작업 공정에 대한 준비 작업, 본 작업, 마무리 작업, 이상 시 대처 요령, 설비 점검 방법 등을 분임조장이나 반장에게 부탁하여 사내 교육 교재로 제작한 후, 그분들이 사내 강사로 강의하도록 하게 하고 강사료 또한 적절히 지급해야 합니다.

강의를 하다 보면 교육 교재에 없는 노하우도 추가로 이야기할 수 있는 자리가 저절로 마련되기도 합니다.

셋째, 지식 경영 시스템을 활용하세요.

귀사의 정보화가 어떤지는 모르겠지만, 지식 경영 시스템(KMS : Knowledge Management System)이 구축되어 있다면 현장의 지식을 공유할 수 있는 폴더를 만들어 노하우를 공유하도록 하게 하는 방법이 있습니다.

물론 그냥 지식만 올리라고 하면 실패합니다. 지식도 제안 제도처럼 좋은 지식을 게시했을 경우에는 적절한 보상을 해 주는 것이 좋습니다. 예를 들어 게시된 내용의 검색 회수를 체크하여, 많은 사람이 검색한 내용은 게시자에게도 적절한 포상을 하는 것이지요.

Q128 평균 근속 연수가 18년 이상입니다. 오랜 분임조 활동을 하다 보니, 전에 했던 내용에 말만 살짝 바꾸어서 활동하는 경우가 있습니다. 이를 타파할 좋은 방법이 있는지요?

A 귀사의 문제는 분임조원들에게서 찾는 것보다 분임조 활동을 주관하고 있는 추진사무국(부서)이나 각 부서장에게서 찾아야 합니다.

첫째, 해당 부서장들의 관심이 부족한 것입니다.

기존에 개선했던 활동을 일부분 수정하여 주관 부문에 제출한다는 것은 해당 부서장이 분임조 활동에 대한 의지나 관심이 전혀 없다는 뜻입니다.

분임조 활동 내용의 적정성이나 중복성을 가장 빨리 알 수 있는 사람은 해당 부서장입니다. 귀사의 분임조 활동 체계가 어떻게 되어 있는지는 자세히 모르겠지만, 주제 완료 사항에 대하여는 반드시 해당 부서장의 확인과 코멘트가 있게 하도록 하는 것이 좋습니다.

둘째, 분임조 활동을 위한 분위기 조성이 되어 있는지 판단해 보세요.

올바른 분임조 활동을 위해서는 활동 여건을 조성해 주어야 합니다. 우선 분임조 활동에 대한 이론적인 무장은 충분한가를 살펴본 후 부족하다면 사내 전문가나 외부 초빙 강사를 통하여 보충을 하고, 분임조 회합 시간도 할애하여 생산량에 다소 지장이 있을지라도 정기적인 회합을 할 수 있도록 규정화하며, 근무 시간 종료 후의 활동에 대해서는 잔업 수당으로 인정하여 업무의 일환이라는 인식을 갖도록 해야 합니다.

이러한 인프라 조성 없이 분임조 활동 결과만을 기대한다는 것은 '낚싯줄 매는 방법도 가르쳐 주지 않고 무조건 고기를 낚으라'는 것과 같은 우매한 상황이 될 수 있습니다.

셋째, 분임조원들의 의견을 청취해 보세요.

근속 연한이 평균 18년 이상이라면 많은 문제를 경험했고, 고유 기술 또한 출중한 상태에 있어 잘만 인도하면 개선 뱅크로서의 역할을 충분히 수행할 수 있는 여건입니다. 그럼에도 불구하고 분임조 활동을 형식적으로 하려는 데는 무슨 이유가 있을 것입니다.

분임조 활동 전반에 대하여 설문을 구성하여 조사를 실시하거나, 여의치 않을 경우 각 분임조에서 대표 분임조원들을 대상으로 집단 면접(FGI : Focus Group Interview)을 실시하면 많은 문제점을 찾을 수 있을 것입니다.

Q129 개선 활동을 하면서 지녀야 할 가장 기본적인 사항은 무엇입니까?

A 설명하자면 너무 광범위한 사항이 될 것 같아서, 필자가 현장 컨설팅을 통해 체득한 경험으로써 결론 내린 3가지의 중요한 사항을 중심으로 말씀 드리겠습니다.

첫째, 데이터의 신뢰성 확보입니다.

개선 활동의 시작이며 끝이 모두 데이터에 의해 문제점을 발견하고 개선 후의 검증도 데이터에 의하여 실시하게 됩니다. 그렇기 때문에 현장에서 수집하는 데이터는 정확성이 확보되어야 합니다.

6시그마 개선 활동에서는 데이터의 정확성 확보를 위하여 반드시 측정 시스템의 분석까지도 요구합니다.

둘째, QC 도구의 활용입니다.

고유 기술을 통하여 제품의 품질을 개선할 수도 있지만 이 과정에서 관리 기술(품질 관리 기법)이 접목되면 개선 속도, 방법, 효과 등이 배가될 수 있습니다.

QC 도구 활용을 위해서는 품질 관리 기법에 대한 교육훈련과 현장 적용을 많이 실행해야 합니다.

셋째, 표준화입니다.

개선한 결과는 반드시 작업 표준, QC 공정도, 도면 등에 반드시 적용되어야 합니다. 표준화를 해야 하는 이유는 이를 통하여 개선 사항에 대하여 관련자 들이 공유를 할 수 있고, 이를 숙지하여 작업함으로써 제품의 산포를 감소시킬 수 있기 때문입니다.

부수적으로 표준서는 신입 작업자의 작업 방법 조기 습득에도 많은 도움이 됩니다.

Q130 품질 분임조 활동에서 관리 지표로 삼을 수 있는 것은 어떤 것이 있나요?

 우선 분임조 활동과 관련된 과정 지표와 성과 지표가 있습니다.

과정 지표란 분임조 활동의 수준을 질적으로나 양적으로 평가할 수 있는 항목을 말하며, 성과 지표란 분임조 활동 결과로 인하여 회사 경영 이익 창출에 얼마나 기여했는가를 평가하는 항목이라고 할 수 있습니다.

일반적으로 분임조 활동과 관련하여 많이 사용되는 관리 지표와 성과 지표를 정리해 보면 다음 〈표〉과 같습니다.

〈표〉 과정 지표 및 성과 지표 예

NO	구분	지표명	산출 방법	비 고
1	과정지표	총인원 수	해당 기간 중 제적 인원	경영층 포함
2		편성 인원	∑분임조 활동 대상자	
3		편성률	(∑분임조 활동 대상자/해당 기간 중 제적 인원) × 100	
4		분임조 수	∑분임조 결성 수	
5		회합 수	∑분임조별 회합 수	
		분임조당 회합 수	∑분임조별 회합 수/∑분임조 결성 수	
		회합률	(∑회합 회수/회합 기준 회수)×100	
6		참여율	(∑회합 참여 인원/∑분임조 활동 대상자) × 100	월 단위로 산출, 월 1회 이상 회합 참여자도 모두 1명으로 계산
7		테마 해결 건수	∑분임조별 테마 해결 건수	
8		분임조당 테마 해결 건수	∑분임조별 테마 해결 건수/∑분임조 결성 수	
9		지원 금액	∑분임조 활동 지원 금액	회합비, 테마 완료비, 교육비, 대회 개최비 등 분임조 활동
		인당 지원 금액	∑분임조 활동 지원 금액/∑분임조 활동 대상자	

NO	구분	지표명	산출 방법	비 고
				관련 모든 금액 해당
10		사내 분임조경진대회 개최 회수	사내 분임조 경진대회 회수	
11		인당 분임조 교육 시간	Σ분임조원별 교육 수강 시간/Σ분임조 활동 대상자	사내, 사외로 구분 관리 하는 것이 바람직
12		분임조 등급 분포	분임조 등급(A급, B급, C급, D급....)별 비율	분임조 능력 평가 결과 등급 분포
13		테마 완료 등급 분포	테마 완료 평가 결과 등급(A급, B급, C급, D급....)별 비율	테마 완료 분임조별 사내 평가 기준에 의한 평가 결과
1	성과지표	유형 효과 금액	Σ분임조별 유형 효과 금액	연간 예상 효과 금액
2		조별 유형 효과 금액	Σ분임조별 유형 효과 금액/Σ분임조 결성 수	
3		분임조원당 유형 효과 금액	Σ분임조별 유형 효과 금액/Σ분임조 활동 대상자	

Q131 개선 활동이 어려움에 봉착했을 때, 또는 분임조 원들의 의지가 약해졌거나 식상해 할 때, 어떤 이벤트를 추진해서 활력을 줄 수 있을까요?

A 개선 활동을 하다 보면 누구나 경험하게 되는 것이지요.

이럴 경우에 필자는 항상 얘기하는 것이 '열매를 따기 위해서는 씨를 뿌리는 최소한의 노력은 해야 한다'라고 일갈합니다. 아무런 고통이나 노력 없이 이루어지는 것은 이 세상에 하나도 없기 때문입니다.

개선 활동이 저조한 회사를 진단해 보면 대부분이 문제해결을 위해 고민하고 노력한 흔적보다는 업무가 바쁘다거나 회사의 제도를 탓하는 핑계성 발언을 많이 합니다.

개선 활동이란 '~ 때문에'보다는 '~에도 불구하고'의 사고방식이 무엇보다 필요한 것 같습니다.

어려움에 봉착했음에도 불구하고 이를 지혜롭게 넘기는

방법은 여러 가지가 있겠지만, 가장 중요한 것은 서로의 단합심을 키울 수 있는 것을 찾아야 합니다.

이를 위한 방법으로는 여럿이 같은 목적을 위해 행동할 수 있는 이벤트가 좋겠네요, 예를 든다면 등산, 운동, 게임, 야유회 등 서로가 공동체 의식을 느낄 수 있는 것이 좋겠지요.

Q132 저희 회사의 경우 분임조를 팀 단위로 구성했습니다. 그런데 각 분임조원마다 공정이 다르기 때문에, 팀은 같지만 공정이 다른 분임조원은 특정 주제와 관련이 없어 회합 활동이 힘듭니다. 이럴 경우 해결 방안은 없는지요?

A 우선 분임조 구성의 적절성에 대하여 검토가 필요할 것 같군요.

분임조란 동일 공정의 작업자가 자기 공정과 관련된 문제점을 스스로 찾아내고 자주적으로 해결하는데 그 의의가 있습니다.

같은 팀 소속으로 여러 개 라인이 있는 것 같은데 이를 한 개의 분임조로 구성한다는 것 자체가 좀 무리일 듯합니다. 인원도 너무 많을 것 같고요.

분임조 활동 적정 인원은 일반적으로 5~10명 정도입니다. 이유는 인원이 너무 적으면 문제 해결을 위한 브레인스토밍이 힘들고, 너무 많으면 활동에서 제외되는 분임조원이 생기기 마련이기 때문입니다.

가능하면 라인 단위로 구분하여 분임조 구성이 가능하다면 최적일 것 같습니다. 라인 단위로 분할할 경우에는 다시 분임조장이 선출되어야 하므로 새로운 분임조장에게는 별도의 교육 훈련이 실시되어야 합니다. 분임조 활동이 팀 활동이지만 분임조장의 리더십이 얼마나 강한가에 따라 분임조 활동이 큰 영향을 받기 때문입니다.

만약 라인 단위로 분임조 구성이 도저히 힘든 이유가 있다면 차선책으로 주제 선정에 좀 더 신경을 써야합니다. 예를 들면 주제 선정 시 평가 항목에서 전원 참여도에 가중치를 높게 한다든지, 효과는 적지만 단순한 주제를 선정하는 방법 등이지요.

Q133
분임조 내에 어떤 문제가 생겨 어떻게 해야 할지 도무지 갈피를 잡을 수 없을 때, 우선 무엇부터 정리해야 하는지 알고 싶습니다.

A 사람은 누구나 예상치 못한 일이 닥치게 되면 긴장하여 논리적인 생각을 하기가 어려워지기 마련입니다.

이럴 때일수록 마음을 차분히 할 필요가 있습니다.

현재의 문제를 눈에 보이는 것만 가지고 단편적으로 판단하지 말고 좀 더 거시적인 시야로 바라보아야 합니다.

첫째, 문제가 무엇인지 현장 확인을 합니다.

어떤 문제가 발생하여 상위층까지 정확히 전달되는 경우도 있지만, 급한 경우에는 추측이나 가정을 하여 보고하는 경우가 많습니다.

만약 부적합이 발생하였다면 부적합이 발생한 공정에 직접 가서 눈으로 부적합 상태를 파악하는 것이 중요합니다.

둘째, 문제에 대한 현상을 정리하세요.

이 문제의 최초 발생 시기, 발생 빈도, 조치 내용, 기존 대책의 유효성, 발생 추이 등 관련되는 상황을 파악하고, 도식화할 것은 각종 QC 도구를 사용하여 일목요연하게 문제를 알 수 있도록 정리하세요.

셋째, 개선 방안을 모색해 봅니다.

관련 부문이나 관련자의 회의를 소집하여 대책안을 브레인스토밍합니다. 이때는 가능하면 문제와 관련된 실물이나 사진 등을 준비하는 것이 좋습니다.

Q134 저희 분임조는 연간 2회씩 주제를 해결하고 있는데 몇 건 정도가 적합한지, 또 그 기준은 무엇인지 알려 주세요.

A 귀사의 분임조 활동에서 주제 해결 목표가 분임조당 연간 2회라는 것은 1개 주제 해결 시 6개월 정도의 소요 기간이 필요한 것으로 판단한 것 같습니다

분임조 활동해서 연간 주제 해결 건수가 몇 건이 적정한 것인가에 대하여는 그 회사 업종의 특성이나 분임조원들의 문제 해결 능력, 경영자나 임원진의 방침, 과거 주제 해결 소요 기간 등을 고려하여 주관 부문에서 정하는 것이 타당합니다.

주제 해결 건수에 대한 목표가 높다고 하여 그 회사 분임조 활동 수준이 높다고 할 수는 없는 것입니다.

회사의 각종 여건을 고려하지 않은 주제 해결 목표는 오히려 분임조 활동의 질적 저하를 초래할 수도 있기 때문입

니다.

 필자가 권고한다면 주제 해결 건수에 대한 가장 적절한 방법은 과거 그 회사의 주제 해결 기간을 참고하여 목표를 정하고, 여러 분임조들의 활동 상황도 살펴가면서 차차 주제 해결 목표 건수를 높여 나가는 것이 좋을 것 같습니다.

 만약 분임조 활동을 처음 시작하는 회사라면 동종 업계의 분임조 활동을 벤치마킹하여 자사의 목표를 설정하는 것이 좋습니다.

 참고로 국내 기업체의 주제 해결 건수에 대한 목표는 연간 3~4건 정도가 가장 많습니다.

Q135 분임조 활동 3년째입니다. 분임조 활동 현황판 관리 요령 및 우수한 현황판 사례를 사진으로 볼 수 있는지요?

A 우선 분임조 활동 현황을 가장 빨리 파악할 수 있는 관리 지표가 무엇인지 생각해야겠지요.

일반적으로 분임조 주제 해결 건수, 진척률, 회합률, 참여율 등을 생각할 수 있으며, 이 지표들에 대해서는 분임조별, 월별 목표와 실적을 색 테이프 등을 사용하여 표시하면 한눈에 현황을 알 수 있습니다.

예를 들어 진척률은 분임조 활동을 다음 10단계로 구분하여 각 분임조의 현재까지의 진행 단계를 색 테이프를 사용하여 표시합니다.

① 주제 선정
② 활동 계획 수립
③ 현상 파악

④ 원인 분석

⑤ 목표 설정

⑥ 대책 수립 및 실시

⑦ 효과 파악

⑧ 표준화

⑨ 사후 관리

⑩ 반성 및 향후 계획

또한 우수 활동 분임조 현황이나 우수 개선 사례(요약) 등을 게시할 수도 있습니다.

일반적으로 TQM 활동 현황판을 사용하여 자주 관리 활동인 제안, 분임조, 표준, 교육 실적에 대하여 중요 관리 항목 1개씩만 선정하여 현황판을 통하여 관리하는 방법을 권해 드립니다.

현장의 활동 현황판 관리 사례를 다음 〈사진〉과 같이 제시해 드리오니 참고하시기 바랍니다.

〈사진 1〉 분임조 활동 현황판 사례

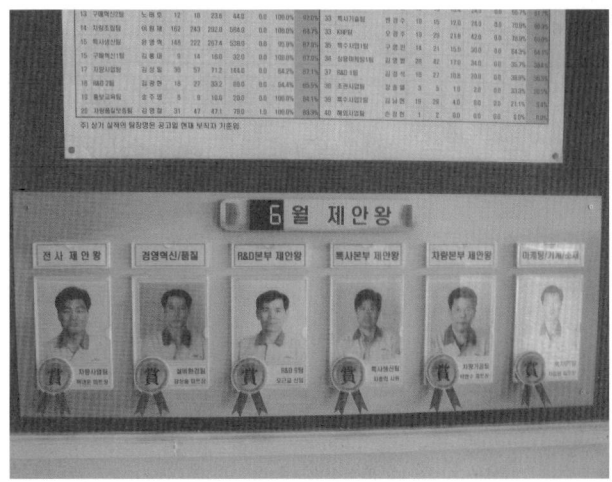

〈사진 2〉 제안 활동 현황판 사례

Q136 분임조 활동에 대한 자율성 문제가 분분합니다. 분임조원들은 자유로운 분위기로 실시하려 하고, 관리자는 체계적이고 타이트하게 실시하려 합니다. 이런 경우 어떤 대책이 필요할까요?

A 귀하의 질문 문구만 가지고는 구체적인 상황 파악이 되질 않는군요.

자유로운 분위기에서 분임 토의를 한다는 것은 브레인스토밍도 잘 될 것 같고, 더불어 분임조의 특징인 '자주 개선 체계'를 실행한다는 측면에서도 좋은 방식인 것 같습니다. 하지만 관리자께서 이를 반대하는 나름대로의 이유도 있을 것 같습니다.

이럴 경우 가장 먼저 생각해야 할 것은 '분임조 활동 이념'에서도 언급했듯이, 현재의 분임조 활동이 '기업의 체질 개선 및 발전에 기여한다'는 것에 부합하고 있느냐는 것입니다.

적절한 비유가 될지는 모르겠지만 민주주의 사회라도

'자유'와 '방종'은 명확하게 구분되어야 합니다. 필자가 분임조 컨설팅을 하다 보면 이 분임조가 소집단 활동을 하고 있는 것인지, 반상회를 하는 것인지 구분이 안 되는 분임조가 있습니다.

분임조 회의록을 살펴보면 회합 일시도 불규칙하고 참석자 또한 극소수만 참석하여 이것이 분임조원 전체 의견을 대변했다고 보기에는 어려운 상태이며, 주제 진행에 있어서도 QC 기법의 활용 능력이나 문제에 접근하는 방법이 아주 초보적인 경우를 보게 됩니다.

이럴 경우에는 추진사무국에서 이 분임조에 좀 더 관심을 갖고 회합에도 같이 참석하고 회합 일지 검토 시에도 상세한 코멘트를 해 주어야 합니다.

반대로 어떤 분임조는 회합 일시는 불규칙하지만 시간이 지남에 따라 문제에 대한 해결책에 근접하는 분임 토의가 이루어지고 있어 간섭을 하지 않아도 그야말로 자주 개선 활동에 충실한 분임조가 있습니다.

결론적으로 말씀 드리면 현재의 분임조 진행 방식이 분임조 활동 효과를 창출하는데 최선책인가를 스스로 평가하여 판단하기를 권고 드립니다.

Q137 분임조 활동은 각 단계별로 사용할 수 있는 많은 도구가 있는데, 초보자를 위해 많이 사용되는 각 단계별 도구를 1~2가지씩만 추천해 주십시오.

A 초보자 입장에서는 분임조 활동 문제 해결 10단계라는 용어도 낯설고 각 단계별 추진 방법이 어려울 수 있습니다. 하지만 문제 해결 10단계를 조금씩 학습하다 보면 각 단계들이 모두 이야기처럼 연결되어 있다는 것을 알 수가 있으며, 각 단계의 사용 기법 또한 저절로 숙지하게 되니 유념하기 바라며, 각 단계에서 사용 빈도가 매우 높은 기법을 단계별로 1~2개 정리하였으니 참조하시기 바랍니다.

〈표〉 분임조 활동 추진 단계별 도구

단계	추진 단계명	추진 목적	핵심 적용 기법
1	주제 선정	분임조가 담당하는 간접 업무나 직접적인 작업상의 문제점(또는 개선 사항)을 파악하여 금번에 해결할 과제를 선정	매트릭스도법 (L형, T형)
2	활동 계획 수립	활동 단계별 일정 계획을 수립하여 금번 설정된 주제에 대한 완료 예상 시점을 예측하며, 실제 활동 후의 기간과 대비함으로써 활동 기간의 적정성 판단	간트차트 (Gantt Chart)
3	현상 파악	문제 또는 개선하고자 하는 현상을 정량적으로 파악하여 현재 상태를 정확히 인식하고 향후 중점 개선 항목 색출	체크시트, 파레토도, 그래프
4	원인 분석	현재 발생되고 있는 현상에 대한 추정 원인을 모두 도출함으로써 향후 개선 목표 설정과 대책 방향 수립	특성요인도, 연관도법
5	목표 설정	주요 원인에 대해 예상되는 개선 대책을 실시한 후, 기대되는 개선 효과를 추정하여 개선 목표 설정	막대그래프
6	대책 수립 및 실시	문제점이나 불합리 사항을 발생시키는 원인(요인)에 대한 개선안을 수립하여 실행함으로써 작업이나 업무 효율 향상	계통도법, 데밍 사이클 (PDCA)

단계	추진 단계명	추진 목적	핵심 적용 기법
7	효과 파악	개선 활동 결과에 대하여 유형 및 무형 효과를 산출하여 회사 경영 활동에 대한 기여 정도를 정량적·정성적으로 평가	막대그래프, 파레토도
8	표준화	개선 결과를 사내 표준으로 등록하여 누구나 동일한 절차와 방법으로 업무를 수행	특별한 기법이 없으며, 사내 표준화 이론 활용
9	사후 관리	개선 결과의 실행 상태를 지속적으로 파악하여 유효성 검증	관리도, 체크시트, 그래프
10	반성 및 향후 계획	활동 과정과 결과에 이르기까지 전반적인 실행 상태를 분임조 스스로 평가하고, 개선이 필요한 사항을 포함한 향후 추진 방향 수립	레이더차트, 간트 차트

Q138 발표회나 분임조 경진대회 등의 활동이 너무 형식적인 것 같습니다. 그런 행사를 굳이 하는 목적은 무엇입니까?

A 분임조 발표대회는 분임조 활동 결과의 총체적인 결실을 느낄 수 있는 아주 중요한 행사입니다.

발표 대회의 목적을 몇 가지 말씀 드리면 다음과 같습니다.

첫째, 사내 분임조 활성화를 위한 붐을 조성할 수 있습니다.

둘째, 우수 분임조에 대한 포상 및 활동 사례를 각 분임조에 전파하는 데 있습니다.

셋째, 우리 회사의 분임조 활동 수준을 파악하는 데 있습니다.

넷째, 다른 분임조의 활동 사례를 살펴봄으로써 우리 분임조의 활동 방법을 개선하는 데 있습니다.

다섯째, 분임조 활동 결과를 경영자에게 자랑하는 데 있습니다.

기타 여러 가지 측면이 있겠지만 모든 것을 한마디로 축약한다면, 분임조 발표대회는 '분임조 활성화'를 위한 필수 요소라는 것입니다.

Q139 분임조 활동의 평가 기준은 무엇입니까?

A 분임조 활동의 평가에서 착안할 사항은 분임조 활동 과정의 각 단계의 수행이 적절했는가를 살펴보는 것이 중요합니다.

주제 선정에서부터 반성 및 향후 계획까지의 모든 단계가 충실했는가를 보는 것이 좋겠지요.

일반적인 평가 항목을 제시해 보면 다음과 같습니다.

① 주제 선정의 적합성
② 개선 활동의 추진 방법
③ 사용 기법의 적절성과 효과성
④ 효과 파악, 유지 및 반성
⑤ 원고 작성 및 발표의 충실성(발표대회의 경우만 해당)

그러나 회사 특성에 따라 '회합률', '회합 수', '유형 효과',

'표준화', '윗사람의 관심도' 등을 추가할 수 있으며, 각 평가 항목별로 배점을 다르게 함으로써 회사에서 추구하는 분임조 활동의 적절성을 평가에 반영할 수도 있습니다.

다시 한번 정리하여 말씀 드리면, 기본적으로 분임조 활동 각 단계의 적정성을 평가할 수 있는 항목들을 기본으로 하되, 회사의 추진 방향이나 특성에 따라 평가 항목을 가감하여 사용하는 것이 좋다는 것입니다.

Q140

저희는 10명 이내의 중소기업으로, 연령차가 커서 분임조 활동을 진행하기에 상당한 애로 사항이 있습니다. 어떻게 풀어 가야 할까요?

A 10명 이하의 회사라면 연령차보다도 개개인의 업무가 모두 상이하여 분임조 활동 주제 선정 및 그 이후의 QC 스토리 전개가 무척 어려울 것 같습니다.

귀사의 조직 구성이 어떻게 되어 있는지는 정확히 모르겠지만, 우선 생산 직원만으로 한 개 분임조를 결성하여 분임조 활동을 추진하십시오.

만약 전 부서원이 같이 분임조를 결성하여 활동해야 한다면, 활동 시 주제를 특정 부서에만 한정되는 주제는 지양하고 모두가 참여할 수 있는 주제를 선정하시기 바랍니다.

예를 들어 '청정 활동', '소모품 절감', '문서 관리 방법 개선' 등이 있겠지요.

이것이 해결된 후 연령차를 검토하면 좋을 것 같습니다.

연령차를 해결하기 위해서는 우선 업무 개선을 위한 분임조 활동은 잠시 보류하고 인간적으로 단합할 수 있는 방안을 모색하는 것이 좋습니다.

이렇게 하기 위해서는 연령에 관계없이 관심을 가질 수 있는 공통의 대화 주제를 찾아야 합니다.

즉 분임 토의 시간을 '대화의 장'이라고 생각하여 업무적인 이야기도 좋고 업무 외적인 이야기도 좋으며, 마음을 터놓고 토론할 수 있는 분위기를 만드는 것이 중요합니다.

때에 따라 회식을 같이 하거나 야유회를 떠나는 것도 좋은 방법입니다.

Q141
분임조원들의 참여도를 높이기 위해 문제 해결 10단계 진행 시 단계별로 분임조장을 운영하는 것은 어떤지요? 아니면 다른 방법이 있는지요?

A 분임조장은 현재 선정된 주제에 대해 해당 주제가 완료 시까지는 전체를 책임지고 리드해야 할 사람입니다.

문제 해결에 있어서 전원 참여도를 높인다는 의도는 좋지만, 문제 해결 단계별로 분임조장을 별도로 선정한다는 것은 다소 무리가 있어 보이며, 귀하의 걱정을 해결하는 방법으로 각 단계별로 주 담당자 정도를 두어 진행하는 것은 좋습니다.

국내 분임조 활동 사례집을 보시면 활동 계획 수립 단계에서 문제 해결 각 단계별로 주 담당자를 선정하여 해당 단계에 대해서만은 책임을 갖고 분임조원이 진행하도록 되어 있습니다.

다른 방법으로 분임조원들의 참여도를 높이는 방법에 대해서도 다음 〈표〉에 정리해 드리니 분임조 활동에 참고하시기 바랍니다.

〈표〉 분임조 활동 단계별 참여도 향상 방법

활동 단계	참여도 향상 방법	비 고
주제 선정	분임조원은 1인 1건 예비 주제를 제출하도록 의무화한다. 선정된 예비 주제에 대해 현상조사 시에 업무 분담을 실시한다.	주제 선정 동기에 필요한 사항도 업무 분담 가능
활동 계획 수립	각 단계별 사용 가능한 기법을 1인 1건씩 발언하도록 한다.	간트차트에 '사용 기법'란 활용
현상 파악	현상 파악에 사용되는 데이터를 업무 분담하여 수집하도록 한다.	파레토도 작성 시도 체크시트 수집 담당, 데이터 집계표 작성 담당, 파레토도 작성 담당, 층별을 추가로 실시 시에는 다른 사람으로 업무 분담 등 세부적인 업무 분담 실시 가능
원인 분석	품질 특성치에 대해 누구나 1건 이상 요인을 발언하도록 한다.	
목표 설정	각자가 생각하는 현상 파악 데이터 대비 감소(또는 증가)치	

활동 단계	참여도 향상 방법	비 고
	를 제시하도록 한다.	
대책수립 및 실시	대책안 도출 시 인당 1건씩 제출하도록 한다.	분임조원별 아이디어 발상이 요구되는 단계임
효과 파악	무형 효과를 인당 1건씩 제출하도록 한다.	유형 효과는 한 사람이 담당하는것이 일관성이 있을 수 있음
표준화	개선 대책 표준화시 대책안 1건당 1명이 담당하도록 한다.	
사후 관리	사후 관리 추이도(또는 관리도) 담당자와 체크시트 담당자를 구분한다.	체크시트 담당자는 직접 체크시트를 작성한다.
반성 및 향후 계획	활동 전과 후에 대한 설문서를 만들어 분임조원별로 작성하도록 한다.	

Q142. 5명 이하의 인원으로도 분임조 활동이 가능합니까?

당연히 가능하지요.

분임조란 원래 5명에서 10명 사이가 한 조가 되어서 활동하는 것이 가장 좋습니다. 10명 이상이 초과되면 분임조원 간에 의사소통이나 업무 분담도 힘들고, 때에 따라 일부 분임조원은 그냥 형식적으로 분임조에 이름만 등록되어 있을 뿐 아무런 활동도 안 하게 되는 경우가 발생하게 됩니다.

흔한 말로 '공동 책임은 무책임'이 되는 거죠.

대신에 분임조 인원이 적으면 누구 한 명이라도 발언이 없거나 문제 해결에 동참하지 않게 되었을 때는 개선 활동 진행이 어렵게 되므로 진실로 전원 참여의 분임조 활동이 전개될 수 있습니다.

5명 정도라면 분임조장 1명, 서기 1명, 분임조원 3명으로 적당합니다.

개선 대책안도 대체적으로 5건 정도가 일반적이므로 조원 1인당 1건씩 분담을 하게 될 것이고 의사소통도 더욱 원활하게 됩니다.

단지 분임조원이 3명 이하라고 한다면 분임조 활동이 조금 어려울 수는 있습니다. 이럴 경우에는 되도록이면 주제를 간단한 것으로 선정하는 것이 바람직합니다.

Q143 현상 파악 단계에서 파레토도 등의 기법 없이 바로 문제에 대한 원인을 선정하여 분석하면 안 되나요? 데이터 표본이 부족하거나 문제점 현상을 데이터화하기가 어려워 명백한 사실로만 원인 분석을 하면 좋은 경우가 많습니다.

A 분임조 활동 단계 적용이 많이 어려웠던 것 같습니다.

귀사처럼 데이터 수집량에 대해 발생 빈도가 적을 경우에는 QC 7가지 기법이나 통계 기법을 적용하는데 있어서 어려운 경우가 많습니다. 그렇다고 억지로 데이터에 대해서 분석 기법을 사용하는 것 또한 바람직한 일은 아닙니다.

이러한 업종에서 활용이 용이한 개선 활동 방법을 한 가지 소개해 드리겠습니다. 이 개선 활동 프로그램은 데이터가 많지 않거나 서비스 업종처럼 데이터 다양한 QC 도구가 미숙한 기업에서 개선 활동을 용이하게 할 수 있도록 맞춤형으로 개발된 것입니다.

또한 일반 제조 업종에서도 인원이 적거나 1인 다기능화로 분임조원 구성이 어려울 경우에 사용하면 효과적입니다.

개선 프로그램명은 'PAIR 개선 활동'으로 2명이 커플로 개선 활동을 실행하는 방법입니다. 간략히 설명하면 데이터 수집에 의한 현상 파악을 실시하지 않고, 도출된 문제점에 대해 바로 원인을 분석하여 즉실천적으로 행하는 활동이며 단기간에 성과를 창출하는것이 특징입니다.

개선 활동에 대한 간략한 소개를 다음 〈표〉와 〈그림〉에 제시하니 참고하시기 바랍니다.

〈표〉 PAIR 개선 활동 개요

구분	내 용
활동 개요	• 1인 다기능화 지향의 생산 체계를 반영한 선택/맞춤형 개선 활동 전개 • '빨리빨리' 문화에 익숙하고 여러 사람이 모이면 논쟁이 많은 특징을 반영한 한국형 개선 활동 • 업종(제조, 서비스, 공공 부문) 특성에 맞는 문제 해결 도구를 선택적으로 사용하여 탄력적인 문제 해결 • 다수인이 모여 회합이 어려운 기업의 실정에 맞추어 2인이 실행하는 신개선 활동
개선 활동 단계	• <u>P</u>roblem : 업무(작업) 또는 회의 중 입수된 문제 정리 • <u>A</u>nalyze : 상대 비교를 통한 원인 우선 순위 결정 • <u>I</u>mprove : 아이디어 발상 기법을 중심으로 대안 창출 및 실행 • <u>R</u>ecord : 개선 결과를 정리하여 지식 공유집 작성

구분	내 용
개선 활동 특징	• 2명을 커플로 팀을 구성하여 실천하는 PAIR 개선 활동 실시 • 각종 개선 도구를 키트(kit)화하여 업종에 적합한 것을 선택·사용하는 맞춤형 개선 프로세스 진행 • 4단계의 간편한 실행 단계 추진으로 초보자도 누구나 실행할 수 있는 이지(easy) 스타일 개선 활동

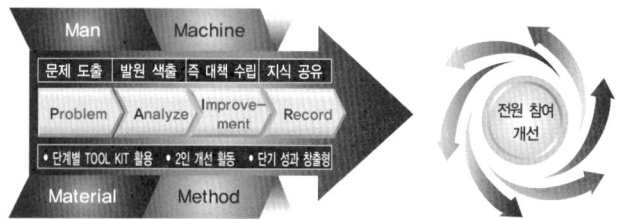

〈그림〉 PAIR 개선 활동 프로세스

분임조 경진대회

Q144 분임조 발표 대회 원고 작성 시 유의해야 할 사항은 무엇입니까?

A 첫째, 개선 줄거리에 일관성이 있어야 합니다.

어떤 문제에 대하여 현상을 파악하고 그 현상을 근거로 원인 분석을 실시해야 하며, 도출한 중요 요인에 대하여 대책을 실시하고 있는가를 일목요연하게 보여 줄 수 있어야 합니다.

둘째, 적재적소에 기법을 활용해야 합니다.

문제 해결 단계별로 분임조원들의 경험에 의하여 실시할 수 도 있지만, 기법을 사용함으로써 보다 효율적으로 많은 정보를 해석하고 현상을 명확히 표현할 수 있었음을 보여주어야 합니다.

셋째, 경청자를 이해시키는 원고가 되어야 합니다.

분임조 발표 원고는 궁극적으로 분임조원들이 수행한 개

선 활동을 경청자에게 빠른 시간 내에 이해시켜야 합니다. 때문에 어려운 용어가 있으면 풀이도 하고 그림으로 나타내기도 하는 것입니다.

그런데 일부 원고들을 보면 분임조원 수준이 되어야 이해하는 원고를 만듦으로서 상대가 이해하기에 난해한 경우가 많습니다. 고유 기술에 문외한인 사람이 보아도 어느 정도 이해가 될 수 있도록 원고의 난이도를 낮추는 것이 필요합니다.

Q145 품질 분임조 경진대회에서 발표와 프레젠테이션 원고 디자인이 차지하는 비중을 알고 싶습니다. 문집이 평가의 대다수를 차지한다고 들었는데, 발표 기법(외워서 하거나 읽는 발표 등)과 프레젠테이션 수준(PPT 외주 제작과 자체 제작 수준 차이 등)이 평가에 미치는 비중이 궁금합니다.

A 심사에서 가장 중요한 요소는 뭐니뭐니해도 원고(대체적으로 A4지 20매)의 수준입니다. 원고내용이 심사 기준에 따라 적정하게 작성되었는지가 중요하며, 더불어 각 문제 해결 단계에서 적절한 QC 기법을 사용했느냐 하는 것입니다.

왜냐하면 지역대회나 전국대회 심사위원들은 대회 시작 전 참가 분임조의 발표 원고를 이미 입수하여 읽어본 후 심사에 임하기 때문에 분임조에 대한 평가는 사전에 어느 정도 완료된 상태에서 심사하게 됩니다.

따라서 심사 시는 사전에 검토한 내용을 대회 당일에 해당 분임조의 발표 내용을 경청하거나 질문을 통해 확인할 뿐입니다. 그러니 프레젠테이션 사항은 보지도 않은 상태에서 개략적인 평가가 완료되는 것이지요. 하지만 원고 내용도 좋고 발표도 잘한다면 그야말로 금상첨화일 수는 있겠지요.

특히 전국대회 심사의 경우에는 각 분임조의 발표 내용이 지역대회를 거쳐 부족한 부분들이 어느 정도 다듬어진 상태라 참가 분임조의 우열을 가리기가 어려운 경우가 많습니다. 이럴 경우 발표 능력이나 프레젠테이션 디자인이 아주 조금의 점수 차이지만 금·은·동상을 결정지을 수도 있겠지요.

그렇다고 프레젠테이션 원고(파워포인트)를 전문 업체에 위탁, 제작한 것과 분임조 스스로 작성한 정도의 차이가 금·은·동상을 가릴 정도로 영향을 미치지는 않으니 굳이 비용을 들여가며 외주 제작할 필요는 없습니다.

다시 한번 강조하지만 분임조 경진대회의 당락에서 중요한 요소는 문제 해결 프로세스가 적정하게 진행되었는지와 단계별 적절한 QC 기법의 사용이 평점에 크게 작용하는 요소이니, 귀 분임조가 출전하는 분야의 심사 기준을 숙지하고 분임조 원고를 다듬어 보시기 바랍니다.

Q146 발표 대회 시 발표 원고를 미리 작성하여 읽는 것과 화면을 보고 직접 발표하는 것은 심사 평점 시 어떻게 차이가 있는지요?

 결론부터 말씀 드리면 큰 차이가 없다고 보아야 합니다.

왜냐하면 심사 채점표에 발표 방식에 대해 차이를 두지 않고 있기 때문입니다. 즉 앉아서 시나리오를 읽어도 좋고 무대에 올라가 직접 발표해도 상관은 없습니다.

만약 심사 위원이 무대에서 직접 발표하는 것을 보고 좋은 감명을 받았다면 평점을 다른 항목 어디엔가 적용할 수는 있겠지만 이는 공식적인 사항이 아니기 때문에 무어라 얘기하기 어려운 사항입니다.

1980년대 분임조 발표대회 시에는 모든 발표자가 발표 원고를 OHP 필름으로 작성하고, 발표 또한 발표자가 무대에 나가 지휘봉을 가지고 설명을 하였습니다.

하지만 요즘은 발표자가 탁상에 앉아 미리 준비한 발표 시나리오를 파워포인트로 작성된 원고와 속도를 맞추어 읽어가며 발표를 하고 있습니다.

어느 것이 좋은 방법이라고 단언하기는 힘들지만 필자 생각에는 오히려 1980년대의 발표 방식이 오히려 분임조 활동 수준을 평가하는데 좋은 것 같습니다. 물론 직접 무대에 서서 발표를 하더라도 시대적으로 정보화 사회이니 원고는 파워포인트로 작성해야겠지요.

요즘의 발표 방식은 이미 작성된 시나리오를 화면에 따라 읽어 나갈 뿐, 분임조원이 이번 개선 활동에 있어서 활동 방법과 기법을 제대로 이해하고 있는지를 판단하기가 어려운 부분이 많습니다.

Q147 분임조 발표 시 아무리 좋은 의견이 있어도 말 주변이 없어서 너무 짧게 간단한 질문 형태처럼 나옵니다. 조리 있게 발표할 방법을 알려 주십시오.

A 요즘 세상을 살면서 자기 의사를 올바로 표현하지 못하는 것도 사실 큰 핸디캡이죠.

특히 필자와 같이 컨설팅 직종에 종사하는 사람은 자기 의사를 올바르고 조리 있게 표현하지 못하면 거의 치명적인 타격이 옵니다.

필자도 처음에 직장 생활하면서는 여러 가지 이유로 저의 의견을 피력하는데 약했지만, 돌이켜보면 발표력 향상에 가장 큰 도움을 준 것이 분임조 활동이었던 것 같습니다.

특히 분임조장을 맡았을 때 말하는 방법이 가장 많이 향상된 것 같아요.

필자가 분임조장을 할 때는 분임조원 모두가 한 번 이상은 꼭 발언하도록 회합 분위기를 이끌어 나갔어요. 그러다 보니 남을 설득하는 능력도 생기게 되더라고요.

결과적으로 필자가 하고 싶은 말은 귀사에서 분임조 활동을 하고 있다면 그것을 기회로 활용하라는 거예요. 분임조장을 하시면 더욱 좋구요.

추가적으로 발표력 향상을 위한 몇 가지 제언을 드리면

첫째, 자기가 말하고자 하는 내용을 사전에 글로 옮기세요.

말은 곧바로 목에서 나가지만 글은 자신이 하고자 하는 얘기를 한 번 정리하게 할 수 있는 기회를 주게 되죠.

둘째, TV 등에서 토크쇼 프로그램을 많이 접하세요.

대담 프로나 시사 프로를 자주 보면 진행자와 초대자의 토론 광경을 보면서 자기도 모르게 모방을 하게 됩니다. 특히 그분들은 여러 사례나 현재의 실정을 제시해 가면서 자기의 주장을 논리적으로 타인에게 설득시키려 하는 것이 배울만한 테크닉입니다.

셋째, 업무 능력을 향상시키세요.

회의 시 말을 많이(길게) 하려면 업무에 대해 우선 박식해야 합니다. 그래야 문제점이나 대책안 토의 시 여러 가지 상황에 대하여 예를 들어가며 얘기할 수 있고 정확한 문제

Q148 대중 앞에서 자신이 생각하는 바를 당당하고 조리 있게 전달하기 위한 프레젠테이션 기법에 대해 알고 싶습니다.

A 점이나 대안을 제시할 수 있게 됩니다.

프레젠테이션이란 '자신의 생각, 아이디어, 경험, 노하우 등 제반 정보를 상대방에게 전달하고 설득하는 모든 행위'라고 정의할 수 있습니다.

이를 잘하기 위하여는 여러 가지 고려할 사항이 많이 있겠으나 가장 중요한 요소는 다음과 같습니다.

첫째, 발표할 내용 구성

둘째, 발표 시의 시선

셋째, 발표 시의 음성

넷째, 발표 시의 제스처

이들을 잘 하기 위한 방법을 간략히 정리하면 다음 〈표〉와 같습니다.

〈표〉 프레젠테이션 착안 사항

항 목	착안 사항
내용 구성	1. 내용이 진실이어야 한다. 2. 주장하는 바가 분명히 제시되어야 한다. 3. 결론이 명확해야 한다. 4. 논리적이어야 한다. 5. 구성이 체계적이어야 한다. 6. 주장하고자 하는 항목 수를 제한하여야 한다. 7. 서론, 결론을 짧게 하여야 한다. 8. 단문을 많이 활용하여야 한다.
시선	1. 커뮤니케이션을 하고 싶다는 의사를 나타낸다. 2. 피드백을 구한다. 3. 감정을 주고받는다. 4. 경청자의 수준이나 집단의 특성을 감안한다. 5. 상호 작용의 정도를 파악한다.
음성 (속도)	1. 1분에 100단어 내외로 한다. 2. 마이크를 사용할 때는 1분에 80단어 내외로 한다. 3. 말이 빠르면 pause(잠깐 쉼)를 활용한다. 4. 단문을 많이 활용한다. 5. 경청자에 따라 말의 속도를 고려한다. 6. 말이 빠르면 지적으로 느껴지고, 말이 느리면 인간적으로 느껴진다.
제스처	1. 제스처는 내용과 관련이 있어야 한다. 2. 대상의 수에 따라 크기를 조절한다. 　- 종 : 머리 위~배꼽 　- 횡 : 중앙에서 30㎝ 3. 제스처를 말보다 앞세운다. 4. 회수를 제한한다. 　- 강조를 위해서 꼭 필요한 부분만 실시

마지막으로 최종점검 차원에서 3가지 사항만 더 고려한다면 베스트 발표자가 될 것 같습니다.

① 말 연습
- 원고를 가지고 음성, 제스처, 표정을 중심으로 연습을 해 봅니다.

② 화면 연습
- 화면과 말이 일치하는 연습을 해 봅니다.

③ 전체 연습
- 시선까지 고려하여 전체 연습을 해 봅니다.

기타 발표 시작 시 자기 소개, 인사말(반갑습니다, 안녕하십니까 등), 전개될 내용 소개, 예상 소요 시간 등을 안내하고 발표가 끝난 후 질문 응대 등에 대해 사전에 준비를 합니다.

Q149 사람들 앞에서 발표할 때 떨지 않는 방법에 대해 알려 주세요.

A 기업체 컨설팅을 하다 보면 분임조원들의 발표 내용을 청취할 기회가 많은데 똑같은 내용을 가지고도 발표를 조리 있게 잘하는 사람이 있는가 하면 발표할 때 내용에 초점이 없이 횡설수설하는 사람 또한 많습니다.

이것은 개인의 성격이나 타고난 천성과도 일부 연관될 수 있으나, 우리들이 전문 앵커나 아나운서처럼 프로적인 발표가 요구되지 않는 이상 성격이나 천성보다는 얼마나 노력을 많이 하는가에 따라 발표력이 차이나는 것 같습니다.

사람들 앞에서 발표할 때 떨지 않고 자기 의견을 조리 있게 발표하는 방법을 설명 드리면 다음과 같습니다.

첫째, 발표 자료에 대하여 충분히 이해하고 있어야 합

니다.
- 발표 내용을 정확히 이해하고 있으면 어떤 질문이 나와도 자신감이 생기기 때문입니다.

둘째, 혼자서 발표 연습을 해 봅니다.
- 원고를 가지고 음성, 제스처, 표정을 중심으로 연습을 해 봅니다.
- 혹시 컴퓨터 화면을 보고 발표해야 할 경우에는 화면과 말이 일치하는지도 연습을 해야 합니다.

셋째, 발표 기회를 많이 경험해 봅니다.
- 쑥스럽고 자신이 없더라도 여러 사람 앞에서 발표하는 기회를 많이 해 보면 자기도 모르게 발표력이 향상되는 것을 느낄 수 있습니다.

> **Q150** 개선 활동이 완료된 주제에 대하여 사내·외 발표를 할 때 어떻게 정리해야 좋은 보고서가 되는지 알고 싶습니다.

A 아무리 열심히 활동하였어도 그 활동 내용을 상대에게 올바로 전달하지 못하고서는 그 노력에 대한 의미가 희석될 수 있습니다.

따라서 활동 보고서는 다음에 제시하는 몇 가지 정리 포인트를 기준으로 작성하면 효율적입니다.

첫째, 보고서의 작성 목적과 대상을 분명히 하세요.

무슨 일을 하든 그 내용을 충실히 하고 결과를 성공적으로 이끌기 위해서는 우선 그 일의 목적이나 대상을 명확히 하는 것이 무엇보다 중요합니다.

이 보고서가 사내에서 발표용인지 사외 대회에 출전하기 위한 것인지를 분명히 합니다. 사외 대회에 출전하는 경우에는 대회 주체 기관에서 정한 작성 규칙을 준수해야 하기 때문입니다.

공통적으로 적용되는 사항은 문제 해결의 순서에 따라 개선한 내용을 일목요연하게 정리해야 합니다.

둘째, 개성 있는 보고서를 만드세요.

동일한 절차에 따라 구성은 하지만 작성 항목의 표현이나 내용에 다소의 변화를 주고 중점을 둘 곳을 강조하는 등 개성 있는 보고서를 작성하도록 하세요.

셋째, 결과만 늘어놓지 마세요.

결과만을 기록한 내용이나 그저 단순히 개선했다는 보고 정도만으로는 별로 도움이 되지 않습니다. 물론 결과나 고심했던 이야기도 중요하지만, 무엇보다도 활동 보고서에는 어떻게 해결했는가에 대한 내용이나 그 과정이 과학적 방법으로 잘 기록되어 있어야 합니다.

넷째, 보는 사람이 흥미를 느끼고 이해하기 쉽도록 하세요.

QC적 사고방식 가운데 '소비자 지향'의 개념이 있습니다.

개선 활동 보고서의 작성도 당연히 '보는 사람의 의욕을 북돋울 수 있는 내용인가?', 또 '이해하기 쉬운 내용인가?'를 항상 생각하면서 작성해야 합니다. 이를 위해서는 다음과 같은 사항을 효과적으로 검토할 필요가 있습니다.

- 문제 해결에 새로운 사고방식을 도입했다, 기법을 효과적으로 활용했다, 특징 있는 분임조 활동을 전개했다는 등 어디에 중점을 둘 것인가를 잘 생각합니다.
- 실패담·고심담 등 현장감 있는 생생한 이야기를 삽입합니다.
- 도표·삽화·사진 등을 최대한 활용하고 읽기 쉽고 한눈에 그 의미를 바로 알 수 있는 문장으로 작성합니다.

다섯째, 간결하게 정리하세요.

보고서는 담아야 할 내용을 충분히 포함하면서도 간결해야 합니다. 분량이 지나치게 많은 것도 곤란합니다. 따라서 활동 과정 모두를 문장으로 장황하게 적기보다는 데이터표나 그림(사진)을 사용하여 표현하는 것이 효율적입니다.

여섯째, 진실이 기록되어 있어야 합니다.

보고서의 내용은 분임조가 실행한 결과만을 기록해야지 '이렇게 해야 한다', '이랬으면 좋겠다'는 식의 주장을 작성해서는 안 됩니다. 이런 경우에는 자신의 의견을 피력하기 위해 내용이 장황해지기 마련입니다.

또한 보고서에는 가급적 이론 전개를 피하도록 하세요.

현장에서 경험한 사실만을 기록하는 보고서라야 보는 사람으로 하여금 강한 느낌과 흥미를 줄 수 있습니다.

참고 문헌

6시그마 접목 분임조 · 제안 컨설팅, 김창남, 한국표준협회, 2001.

단기간에 실행하는 PAIR 개선 활동 교재, 한국표준협회, 2012.

분임조 활동 ABC, 김창남, 한국표준협회미디어, 2007.

분임조 활동 평가와 지도 가이드, 김창남, 한국표준협회미디어, 2009.

품질 관리 담당자 양성 교재, 한국표준협회, 2013.

품질 분임조 · 제안 활동 추진자 교재, 한국표준협회, 2012.

현장 개선 프로젝트 추진 도구, 주종문, 지인북스, 2009.